GORDON CARREGA

UNERWARTETES HEREINKOMMEN

COMING IN UNEXPECTEDLY

These prose poems presented here have been selected from the author's four books published in English: Backgate (2005), A Place to Stay (2010), Life of the Party (2012), Up Ahead (2014). Available on amazon.

Unerwartetes Hereinkommen
Coming in unexpectedly
© 2020 by Gordon Carrega
German Translation by Ursula Schorn
Photos by Ursula Schorn. Design by Petra Reisdorf
Published by Books on Demand GmbH, Norderstedt
Printed in Germany
ISBN: 9783751951159

Along this road

goes no one

this autumn evening.

                    Basho
                    Translated by R. H. Blyth

 Gordon Carrega, born in British Guiana (now Guyana) in 1944, at the age of thirteen immigrated with his family to Brooklyn, New York, where he attended high school, and then majored in English at New York State University, New Paltz. He lived in California for many years, mainly in the Russian River area, on Sonoma Mountain, and in Berkeley, finishing his MA in Literature at California State University, Sonoma, in 1976. Having made his home in Berlin, Germany, since 1988, he works as a freelance English instructor and continues to publish in various magazines, such as Paris Review, Five Fingers Review, Ironwood, Berkeley Review, Bombay Gin.
Contact: carrega@gmx.de.

Übersetzen – ein spannender Prozess

Wir haben es gemeinsam geschafft, diese doch recht bildhafte, oft idiomatisch geprägte, poetische Sprache in den deutschen Sprachraum zu übersetzen. Ob es gelungen ist, wird sich zeigen. Aber spannend war der Prozess. Oft gab es Auseinandamazonersetzungen, jeder verteidigte vehement seine Sprachvorstellung, bis es zu einem Kompromiss kam zwischen uns – denn ‚dazwischen' spielt sich alles ab, in dem Zwischenraum zweier Kulturen,
der nicht 1:1 übersetzt werden kann. Es gibt immer Verluste, sagt Swetlana Geier, die so hoch gelobte Übersetzerin der „Fünf Elefanten" Dostojewskis. Die Verluste unserer Übersetzungen sind gewiss erkennbar – und doch wagen wir es, sie in der Zweisprachigkeit gegenüberzustellen. Für mich als Gordons Partnerin ist es eine große Freude, endlich seine Prose Poems, die ich gleich zu Beginn unserer Beziehung lieben und schätzen lernte, jetzt auf deutsch und englisch lesen und auch vorlesen zu können.

CONTENTS

8	Heaven	72	Klaus
10	Get Going	76	Sky
14	Exit	78	Uncle
18	Stairs	80	Gorillas
20	Morning Coffee	82	The Boulder
22	The Bed	88	Sunset
26	Sand	90	Last Dance
28	Curtains	94	Don't Die
30	Sunday Evening	96	Ironing
38	Hotel	102	Coming in Unexpectedly
42	Father Retires	104	Wrong Shoes
46	A Place to Stay	106	Next
52	Red Dress	110	Wallets
54	Jazz	114	Leaning
56	Unborn Son	118	Therefore
60	Self-Portrait with Death	122	Awkward
62	Occurrence	126	The Hermit and the Guitar
64	Shall We Squander	132	Shadow
66	Because	136	Again
68	You're Not Jackie	138	Exhiliration

INHALT

9	Himmel	73	Klaus
11	Losgehen	77	In den Himmel schauen
15	Ausgang	79	Onkel
19	Treppen	81	Gorillas
21	Kaffee am Morgen	83	Felsbrocken
23	Das Bett	89	Sonnenuntergang
27	Sand	91	Der letzte Tanz
29	Vorhänge	95	Sterbe Nicht
31	Sonntagabend	97	Bügeln
39	Hotel	103	Unerwartetes Hereinkommen
43	Vater im Ruhestand	105	Verkehrte Schuhe
47	Suche nach einer Unterkunft	107	Der Nächste Bitte
53	Rotes Kleid	111	Brieftasche
55	Jazz	115	Anlehnen
57	Ungeborener Sohn	119	Deshalb
61	Selbstporträt mit dem Tod	123	Unbeholfen
63	Ereignis	127	Der Einsiedler und die Gitarre
65	Sollen wir Vergeuden	133	Schatten
67	Weil	137	Nochmal
69	Du bist nicht Jackie	139	Hochgefühl

HEAVEN

I died and went to heaven and the first person I ran into was Marilyn Monroe. That's how I knew I was in heaven.

"If you want me you can have me but it really doesn't matter up here," Marilyn said.

"Ok," I said.

"What do you mean by ok?" Marilyn asked.

"I mean ok," I replied.

"Ok follow me," she said, "I know a secluded place just over the next cloud. Nobody ever goes there. I don't know why they don't but they just don't. On the other hand I go there often just to be alone. I hope that's ok."

"That's fine," I said.

"It might be fine but is it ok?" Marilyn asked. And then she said, "I'm just joking. It's ok, isn't it?"

"It's ok. Go ahead, joke all you want," I said as we walked along.

"I like to joke and if you're nice to me I'll tell you some bedtime stories. Gosh, I know some really good bedtime stories. I bet you can imagine what kind of bedtime stories I know. You can imagine but I know. There's a big difference between to imagine and to know. Or is there? Up here you wonder about everything. Is there such a big difference?"

"Right Marilyn, I suppose there is." Then I said, "Hey Marilyn, you said something about a secluded place just over the next cloud but these clouds they keep moving and I for one have totally lost my sense of direction. I've lost my bearings and I no longer see that next cloud that was visible a short while ago."

"I get your drift," Marilyn said.

"You're a scream, aren't you Marilyn? A real scream," I said with a grin.

"I'm glad you've noticed," she said, "but it's ok, isn't it?"

"You bet," I said.

"Anyway we're in this together and that's what counts in the long run," she said.

HIMMEL

Ich starb und kam in den Himmel, und die erste Person, der ich begegnete, war Marilyn Monroe. So wusste ich, dass ich im Himmel war.

„Wenn du mich willst, kannst du mich haben, aber hier oben spielt das keine Rolle", sagte Marilyn

„OK", sagte ich.

„Was meinst du mit OK?", fragte Marilyn.

„Ich meine OK", antwortete ich.

„OK, folge mir. Ich kenne einen verborgenen Ort, gerade über der nächsten Wolke. Keiner geht dort hin. Ich weiß nicht warum, aber sie gehen eben nicht dort hin. Andererseits gehe ich dort oft hin, um allein zu sein. Ich hoffe, dass es OK ist."

„Das ist gut", sagte ich.

„Es mag gut sein, aber ist es OK?" Und dann sagte sie: „Ich mache nur einen Witz, es ist OK, nicht wahr?"

„Es ist OK. Mach weiter, mach so viele Witze, wie du willst", sagte ich, während wir weitergingen.

„Ich mache gern Witze, und wenn du nett zu mir bist, erzähl' ich dir einige Gute-Nacht-Geschichten. Meine Güte, ich kenne einige wirklich gute Gute-Nacht-Geschichten. Ich wette, dass du dir vorstellen kannst, was für Gute-Nacht-Geschichten ich kenne. Du kannst dir das vielleicht vorstellen, aber ich weiß es. Es gibt eben einen großen Unterschied zwischen Vorstellen und Wissen. Oder etwa nicht? Hier oben wunderst du dich über vieles. Gibt es wirklich einen so großen Unterschied?"

„Natürlich, Marilyn, ich vermute, du hast recht." Dann sagte ich: „Aber Marilyn, du hast etwas über den verborgenen Ort gesagt, gerade über der nächsten Wolke. Aber diese Wolke bewegt sich ständig. Ich selber habe total die Orientierung verloren und kann diese nächste Wolke nicht mehr erkennen, die vor kurzem noch zu sehen war."

„Ich weiß, wo deine Gedanken hin wandern", sagte Marilyn.

„ Du bist zum Schreien, wirklich zum Schreien, nicht wahr, Marilyn?", sagte ich lächelnd.

„Ich bin froh, dass du das bemerkst", sagte sie, „aber es ist OK, nicht wahr?"

„Darauf kannst du wetten", sagte ich.

„In jedem Fall halten wir zusammen, und das ist es, was zählt, auf lange Sicht", sagte sie.

GET GOING

The alarm goes off and, the morning being once again this morning, I'm up, out the bedroom door. Jack, who's staying at my place until he finds a dwelling of his very own, is putting on his overcoat, ready to shove off for his day at the office.

"Leaving already?" I ask.

"Have to get going. See you this evening, and thanks again for giving me shelter."

I drink a cup of coffee and begin the usual ritual of getting ready for the day.

Then Jack returns, enters and sits on the couch, staring at the floor, hands clasped in his lap.

"Forgot something?" I ask.

"I must have. I must have forgotten something. That's surely the reason why I came back."

"Rest awhile and you're sure to remember. I have to rush off."

I am ready to get going and Jack's still contemplating.

"You ok?" I ask.

"I just need some time to think," Jack says, closing his eyes to help the thought process.

"See you later," I say as I depart.

Strolling along the sidewalk on the way to the bus stop, it doesn't feel right so I turn around and go back.

Jack's exactly where I left him. "You ok?" I ask.

"I thought you'd left," Jack says, opening his eyes.

"I left and came back," I reply.

"That's what happened to me as well. I left and came back."

"I didn't want to run out and leave you like this. I mean is everything ok?"

"Don't worry about me."

"I can use another cup of coffee. What about you?" I ask.

"It's getting late," Jack says, standing up, picking up his briefcase, pulling himself together. "I have to get going."

"Won't you stay just a little bit longer? Wouldn't you like to have a cup of coffee with me before you go?"

Jack stops in mid-stride. He turns slowly, looking at me with wide transcendent eyes. "That's beautiful man, really beautiful. 'Won't you stay just a little bit longer? Wouldn't you like to have a cup of coffee with me before you go?' You spoke like... like a divine utterance. Say that again, those same words again."

LOSGEHEN

Der Wecker klingelt, und an diesem Morgen, der zum wiederholten Mal der Morgen ist, stehe ich auf, gehe aus dem Schlafzimmer. Jack, der bei mir wohnt, bis er in seine neue Wohnung einziehen kann, ist bereit, sich seinen Mantel anzuziehen, um sich in seinen Arbeitstag im Büro zu stürzen.

„Gehst du schon?", frage ich.

„Ich muss gehen. Wir sehen uns heute Abend und nochmals vielen Dank, dass du mir ein Dach über dem Kopf gegeben hast", sagt er, während er aus der Tür geht.

Ich trinke eine Tasse Kaffee und beginne das übliche Ritual, mich auf den Tag vorzubereiten.

Dann kommt Jack zurück, tritt ein und setzt sich auf die Couch, starrt auf den Boden, seine Hände in den Schoß gelegt.

„Etwas vergessen?", frage ich.

„Es muss so sein. Ich muss etwas vergessen haben. Das ist sicher der Grund, warum ich zurückgekommen bin."

„Lass' dir Zeit. Du wirst dich sicher erinnern. Ich muss schnell weg", sage ich.

Ich bin bereit loszugehen, während Jack immer noch über irgendetwas nachdenkt.

„Bist du OK?", frage ich.

„Ich brauche nur etwas Zeit zum Nachdenken", sagt Jack und schließt die Augen, um dem Gedankenfluss zu folgen.

„Bis später", sage ich und gehe.

Auf dem Weg zur Bushaltestelle fühlt es sich nicht richtig an, dass ich gegangen bin. Also drehe ich mich um und gehe zurück.

Jack ist genau dort, wo ich ihn verlassen habe. „Bist du OK?", frage ich.

„Ich dachte, du wärst gegangen", sagt Jack und öffnet seine Augen.

„Ich ging und kam zurück", antworte ich.

„Das ist mir auch passiert. Ich ging und kam zurück", sagt Jack.

„Ich wollte nicht weggehen und dich so hier zurücklassen. Ist alles OK?", frage ich.

„Mach dir keine Sorgen um mich", sagt Jack.

„Ich will noch eine Tasse Kaffee trinken. Du auch?", frage ich.

„Es wird spät", sagt Jack, steht auf, nimmt seine Aktentasche, reißt sich zusammen. „Ich muss gehen."

„Kannst du nicht ein bisschen länger bleiben? Möchtest du nicht eine

Jack's beaming at me, waiting.

I'm inclined to shrug off Jack's request but his incandescent expression affects me. I start to repeat myself in the normal way of speaking and then I feel myself slowing down, hearing my own voice, each word forming with a new significant resonance. "Won't you stay just a little bit longer? Wouldn't you like to have a cup of coffee with me before you go?"

Then I want to speak those words again and again because they gently resonate in me with a fresh delight. Joy is rising in my being, but I manage to control myself.

And Jack's taking off his coat like a man luxuriously at peace with the world, setting down his briefcase, the morning settling around us, a radiant, timeless sphere.

Tasse Kaffee mit mir trinken, bevor du gehst?", frage ich.

Jack bleibt augenblicklich stehen. Er dreht sich langsam um und sieht mich mit großen, leuchtenden Augen an. „Mann, das ist schön, wirklich schön", sagt er. ‚Kannst du nicht ein bisschen länger bleiben? Möchtest du nicht eine Tasse Kaffee mit mir trinken, bevor du gehst?' Du hast gesprochen wie eine göttliche Stimme. Sag das noch einmal, dieselben Worte."

Jack strahlt mich an und wartet. Ich bin geneigt, Jacks Bitte abzulehnen, aber sein strahlender Ausdruck hat eine Wirkung auf mich. Ich wiederhole meine Bitte in meiner normalen Sprechweise, dann verlangsame ich mein Sprechen, höre meine eigene Stimme, jedes Wort formt sich mit einer neuen signifikanten Resonanz. „Kannst du nicht ein bisschen länger bleiben? Möchtest du nicht eine Tasse Kaffee mit mir trinken, bevor du gehst?"

Diese Worte möchte ich wieder und wieder sagen, weil sie sanft in mir resonieren, verbunden mit einem erfrischenden Vergnügen. Freude steigt in mir auf, aber ich bleibe ruhig.

Jack stellt seine Aktentasche auf den Boden, zieht seinen Mantel aus, wie ein Mann, im tiefen Frieden mit der Welt. Der Morgen legt sich um uns, eine strahlende, zeitlose Sphäre.

EXIT

I undress, put my clothes and personal belongings in the locker, take my big white towel and enter the sauna. Luckily for me there is a vacant seat on the high bench in the hottest corner. Making my way, stepping carefully and politely past the others in attendance, settling into position, I close my eyes and breathe meditatively. Too many conversations going on around me. Can't possibly achieve my desired deep, dreamy, sweating state of being.

Then leaving the sauna, taking a cold shower, looking for some peaceful place, perhaps an unoccupied chaise lounge in a quiet corner, walking past the tiresome display of reclining bodies, the monotonous chatter of conversation. Keep walking down a long corridor. Off to the side, a series of cubicles for massage. Judging from the insistent moans it's a busy day for massage.

When I come to a door at the end of the corridor, not knowing where the door might lead, I open it and before I can grasp what's happening I'm swept through by a strong gust of wind. The door slams behind me. I find myself outside, naked in the street, except of course for my white towel. Naked in the storm, stinging drops of rain pelting my flesh. I huddle against the door, banging as hard as I can. Wild, biblical claps of thunder, furious wind, raging streaks of lightning in the dark sky. I wrap my towel as best I can around myself.

And then, somehow curiously satisfied by my exposure to the elements, I step into the storm. People in raincoats running desperately in all directions, umbrellas torn asunder, taxis pulling up at the curb, lots of shoving to get in, one argument spiraling into an exchange of blows. And the storm blasting around us as dark as night. No one's paying any particular attention to me in my state of undress. The wind tosses my towel every which way as I attempt to cover myself, but I feel unaccountably peaceful, generous. I gesture accordingly, a gesture of inclusion, my arms opening graciously outward to acknowledge, indicate, express that I am master of all I survey.

An umbrella appears in my grasp, like in a fairytale, out of the proverbial thin air, a sturdy umbrella, the large black canopy holding steady above my head. In the mad dash all around me I'm bumped into occasionally, but toward me personally everyone is extraordinarily polite, taking time, even in such terrible weather, to properly beg my pardon. The handle of the umbrella planted in my grasp, my other hand clenched on the towel fluttering about my legs. I figure I'll walk around the corner and in so doing locate the main entrance to the fitness center where I had been having my sauna.

The storm ceases and the rain desists. The sun comes out, a light sunshine,

AUSGANG

Ich ziehe mich aus, lege meine Kleidung und meine persönlichen Sachen in das Schließfach, nehme mein großes weißes Handtuch und betrete die Sauna. Zum Glück gibt es einen freien Platz für mich auf der hohen Bank in der heißesten Ecke. Ich gehe behutsam und höflich an den anderen vorbei, setze mich in angemessene Position, schließe meine Augen und atme meditativ. Zu viele Gespräche um mich herum. Kann meinen erwünschten tiefen, träumerischen, schwitzenden Zustand des Seins nicht erreichen.

Dann verlasse ich die Sauna, dusche kalt und suche nach einem friedlichen Ort, vielleicht nach einer freien Liege in einer stillen Ecke, gehe vorbei an der ermüdenden Zurschaustellung liegender Körper, dem monotonen Geschwätz, gehe weiter einen langen Korridor entlang. An der Seite eine Reihe von Massage-Kabinen. Dem eindringlichen Stöhnen nach zu urteilen, ist es ein geschäftiger Massagetag.

Als ich zu einer Tür am Ende des Korridors komme, ohne zu wissen, wohin die Tür führen mag, öffne ich sie, und bevor ich begreifen kann, was passiert, werde ich von einem starken Windstoß mitgerissen. Die Tür knallt hinter mir zu. Ich befinde mich draußen, nackt auf der Straße, nur mit meinem weißen Handtuch bedeckt. Nackt im Sturm, stechende Regentropfen, die auf meine Haut prasseln. Ich lehne mich Schutz suchend gegen die Tür und klopfe so laut wie möglich. Wilde, biblische Donnerschläge, rasender Wind, wütende Blitze am dunklen Himmel. Ich wickle mein Handtuch so fest ich kann um mich herum.

Und dann, seltsamerweise selbstzufrieden, den Elementen plötzlich ausgesetzt zu sein, schreite ich in den Sturm. Menschen in Regenmänteln rennen verzweifelt in alle Richtungen, aufgerissene Regenschirme, Taxis halten am Bordstein, viel Gedrängel, um einzusteigen, ein Streit, der sich in einem Schlagabtausch entlädt. Und der Sturm wirbelt um uns herum, so dunkel wie die Nacht. Keiner bemerkt mich in meinem halbnackten Zustand. Der Wind weht mein Handtuch in alle Richtungen, während ich versuche, mich zu bedecken, aber ich fühle mich unerklärlicherweise friedlich und großzügig. Ich gebärde mich entsprechend, eine Geste die alles umschließt, meine Arme öffnen sich graziös nach außen, sie geben zu erkennen und bringen zum Ausdruck, dass ich der Meister all dessen bin, was ich überschaue.

Ein Regenschirm landet in meiner zugreifenden Hand wie in einem Märchen, sprichwörtlich aus dem Nichts, ein starker Regenschirm, ein großer schwarzer, stabiler Schutzschirm über meinem Kopf. In dem verrückten

fresh and promising in the crisp autumn air. I find myself in a residential part of town, large houses styled like ante-bellum mansions, wide manicured lawns, circular driveways, large, ornate fountains with a multitude of cupids sending forth a radiant display of water.

Of course I must mention the trees, for the street is also lined with trees, a boulevard in lustrous autumn, the falling leaves, dazzling golden forms spinning through the universe. I close the umbrella, fix the towel tightly around my hips, tucking in the loose end snugly at my navel. The umbrella, long, elegant, makes a comfortable walking stick. The boulevard, invincibly golden in the fresh autumn sunlight, empty of traffic and pedestrians. I'm thinking that I just have to turn the next corner and I'll once again be at the fitness center. Perhaps the sauna will be less full and I can settle down and reflect on all that has transpired.

But I'm in no hurry. My umbrella has become such a welcome companion, serves so delightfully, that I feel quite the gentleman, the boulevardier, as I stroll along, swinging my umbrella in well-paced strides. The sunlight balances on my naked shoulders, my feet swishes through the inevitable pools of cool water, and the leaves, in their spinning fall, one after another, take to my body, a golden autumn coat in the making.

Gerenne um mich herum werde ich hin und her gestoßen, jedoch mir gegenüber sind alle außerordentlich höflich, nehmen sich sogar bei so schlechtem Wetter die Zeit, mich um Verzeihung zu bitten. Der Griff des Regenschirms, verwurzelt in meiner Hand, meine andere Hand umklammert das Handtuch, das um meine Beine weht. Ich beschließe, um die Ecke zu gehen, in der Hoffnung, den Haupteingang zum Fitness-Center zu entdecken, in dem sich die Sauna befindet, in der ich war.

Der Sturm hört auf, der Regen lässt nach. Die Sonne kommt heraus, ein leichter Sonnenschein, frisch und vielversprechend in der klaren Herbstluft. Ich befinde mich in einem Wohnviertel der Stadt, große Villen im Jugendstil, weite gepflegte Rasenflächen, kreisförmige Zufahrten, große verzierte Brunnen mit einer Vielzahl von Putten, die strahlende Wasser Fontainen aussenden.

Natürlich muss ich auch die Bäume erwähnen, denn die Straße ist mit Bäumen gesäumt, ein Boulevard im strahlenden Herbst, die fallenden Blätter, schillernde goldene Formationen, die sich in dem Universum spiralförmig drehen. Ich falte den Regenschirm zusammen, wickle das Handtuch dicht um meine Hüften, stecke das lose Ende des Handtuchs fest an meinen Bauchnabel. Der Schirm, lang und elegant, wird zu meinem bequemen Spazierstock. Der Boulevard, zweifelsfrei vergoldet in der frischen Herbstsonne, frei von Verkehr und Fußgängern. Ich vermute, dass ich nur um die nächste Ecke biegen muss, um wieder am Fitnesscenter zu sein. Vielleicht ist die Sauna inzwischen leerer geworden, und ich kann mich entspannt auf die Bänke legen und über alles Geschehene in Gelassenheit nachdenken.

Aber ich habe es nicht eilig. Mein Regenschirm ist ein willkommener Begleiter geworden. Er leistet mir treue Dienste, mir als Gentleman, der Boulevardier. Ich flaniere, schwinge meinen Regenschirm, begleitet von wohlgeformten, rhythmischen Schritten. Das Sonnenlicht balanciert auf meinen nackten Schultern, meine Füße gleiten durch die unvermeidlichen Pfützen von kaltem Wasser. Die Blätter, in ihrem sich drehenden Fall, eines nach dem anderen, haften an meinem Körper. Ein goldener Herbstmantel im Entstehen.

STAIRS

"You have a fine place. The only problem, there are no stairs."
"Of course there are no stairs for there is neither an upstairs nor a downstairs. There's no need for stairs."
"Obviously there's neither an upstairs nor a downstairs and that's just fine. Your place is quite big enough as it is. But nonetheless I find it lacking in stairs. I won't move in with you unless you get some stairs."
"Why on earth should I get stairs? Stairs lead up to some place upstairs or down to some place downstairs and as there is neither an upstairs nor a ..."
"We've been through that already, but I won't move in unless you get some stairs."
"What kind of stairs do you want me to get?" I ask.
"Stairs that lead up would be just fine," she answers.
"Up to where?"
"A stairway leading up, a long stairway that ascends in a spiral. Something like that."
"Ok. If that's what you want."
"There's plenty of space and if we knock out a few walls we'll have more than enough room for our stairs. Be creative," she says.
"I'll design and build it myself," I say.
"And don't forget the darkness," she says.
"The darkness? What darkness?"
"At the top of the stairs, it must always be dark at the top of the stairs."

TREPPEN

„Du hast ein schönes Haus. Das einzige Problem, es gibt keine Treppen."
„Natürlich gibt es keine Treppen, denn es gibt weder ein nach oben noch ein nach unten. Es gibt keine Notwendigkeit für Treppen."
„Offensichtlich gibt es weder ein nach oben noch nach unten, und das ist total OK. Das Haus, in dem du wohnst, ist groß genug, so wie es ist. Aber trotzdem fehlen mir Treppen. Ich werde bei dir nicht einziehen, es sei denn, es gibt Treppen."
„Warum um alles in der Welt sollte ich Treppen haben? Treppen führen irgendwo hin nach oben oder irgendwo hin nach unten und da es weder ein oben noch ein …"
„Darüber haben wir bereits reichlich gesprochen, aber ich werde nicht einziehen, es sei denn du hast Treppen."
„Was für Treppen willst du haben?", frage ich.
„Treppen, die nach oben führen, wären total OK", antwortet sie.
„Wohin nach oben?".
„Treppen, die nach oben führen, eine lange Treppe, die in der Spirale nach oben steigt. Irgendwie so."
„OK. Wenn es das ist, was du willst".
„Es gibt genügend Platz, und wenn wir einige Wände abreißen, werden wir genug Raum haben für unsere Treppen. Sei kreativ", sagt sie.
„Ich werde die Treppen selber entwerfen und selber bauen", sage ich.
„Und vergiss die Dunkelheit nicht", sagt sie.
„Die Dunkelheit? Was meinst du mit Dunkelheit?".
„Ganz oben an der Treppe, es muss immer dunkel sein am oberen Ende der Treppe".

MORNING COFFEE

Let me do what I must and continue to relish the details that soothe the ever-recurring crisis of being for myself alone. Or stepping out beyond the quivering ghostly presences which continue to inform the resolutions I dwell on each day while the ivy just gets greener and greener, more luxurious, more engaging in the sunlight, draping its pleas of sentiment on the frail cashier who's wearing such lovely clothes, and graciously exhibiting the sadness of small change passing from her hand to mine.

KAFFEE AM MORGEN

Lass mich tun, was ich tun muss und weiterhin die Details genießen, die die immer wiederkehrende Krise lindern, für mich allein zu sein, oder herauszutreten, jenseits der zitternden gespenstischen Erscheinungen, die weiterhin die Vorsätze prägen, die ich jeden Tag verfolge, während der Efeu immer grüner und grüner wird, luxuriöser, sich mehr auf das Sonnenlicht einlässt und seine gefühlsmäßigen Bitten auf die zarte Kassiererin richtet, die so schön gekleidet und mit graziöser Geste der Melancholie das Kleingeld von ihrer Hand auf meine übergibt.

THE BED

One night, having decided to get rid of my bed, I dismantle the bed and remove it out to the backyard, a task accompanied all the while by the exhilarating feeling that comes when one is taking the absolutely right action.

The exhilaration heightens my perception, highlights my surroundings, adding a mysterious dimension to my rooms, bringing my place and my belongings into such intense, peculiar focus that each object, indeed my very self, seem to be both appearing and disappearing simultaneously.

I rearrange the furniture, examining each new arrangement from various perspectives, each perspective, each shift of furniture being more perfect than the one previous all the while thinking that too much is made of the whole business of going to bed, and if sleep should descend upon me then simply curling up on the carpet, perhaps fully clothed, with or without a blanket, would not be a fate worthy of the least complaint.

Then dawn comes and on the spur of the moment, wanting immediately to share my new wisdom with someone near and dear, I telephone my best friend and invite him over for breakfast.

Being awakened at dawn by a phone call from a pal in a state of exhilaration is not a matter Jack would fuss about, and I whisper conspiratorially, "Come, come quickly." I give him barely enough time to reply in his high-pitched mischievous voice, "I'll be there," before hanging up the phone. That's how it is with Jack, explanations aren't necessary.

I sit in my rocking-chair, the telephone curled fondly in my lap, and the dawn remains the dawn, goes on without transforming into the banality of morning, and when there comes a gentle knocking at my door, when Jack and I stand facing each other, he is, like the dawn, a fresh presence.

He beams at me, giggling breathlessly with an excitement that matches mine. "Here I am. I got here."

I am caught up in the ritual of gestures meant to fully express my thrilling welcome when Jack abruptly steps back, his eyes darting over my shoulder, puzzled and suspicious. "What's happening here? What's wrong?" he asks accusingly.

I shrug and offer a gesture of grand nonchalance. Gripping my arm, confronting me like an inquisitor, "Something's wrong. I can feel it."

He pushes past me, bursts into the room that had once been my bedroom, stands in the place where my bed used to be, his arms outstretched in a frenzied, desperate manner.

DAS BETT

Eines Nachts, nachdem ich beschlossen habe, mein Bett loszuwerden, zerlege ich es und entferne es Stück für Stück, einschließlich der Matratze, hinaus in den Hinterhof, eine Aufgabe, die ganze Zeit begleitet von dem berauschenden Gefühl, das entsteht, wenn man die absolut richtige Handlung ergreift.

Dieses berauschende Gefühl erhöht meine Wahrnehmung, erhellt meine Umgebung, bereichert meine Räume um eine mysteriöse Dimension, bringt meinen Raum, meine Habseligkeiten in einen so intensiven, eigenartigen Fokus, dass jedes Objekt, ja mein eigenes Selbst, simultan zu erscheinen und zu verschwinden scheint.

Ich stelle die Möbel um, überprüfe jedes neue Arrangement aus verschiedenen Perspektiven, jede Perspektive, jede Veränderung des Mobiliars erscheint perfekter zu sein als die vorherige, während der ganzen Zeit denke ich darüber nach, dass viel zu viel Aufhebens um das Ins-Bett-gehen gemacht wird, und wenn der Schlaf auf mich herabkommen sollte, dann einfach auf dem Teppich sich zusammenrollen, vielleicht vollständig bekleidet, mit oder ohne eine Decke, würde nicht im geringsten ein beschwerliches Schicksal sein.

Dann kommt die Morgendämmerung, und einer augenblicklichen Eingebung folgend, will ich sofort meine neue Erkenntnis mit jemandem teilen, der mir nah und lieb ist. Ich rufe meinen besten Freund an und lade ihn zum Frühstück ein.

In der Morgendämmerung durch einen Anruf von einem lieben Freund in einem berauschten Zustand geweckt zu werden, ist keine Angelegenheit, über die Jack einen Aufstand machen würde, und ich flüstere, verschwörerisch ins Telefon „Komm, komm schnell." Ich gebe ihm kaum genug Zeit, in seiner helltönenden Stimme zu antworten „Ich komme", bevor ich den Hörer auflege. So ist es bei Jack, Erklärungen sind nicht nötig.

Ich sitze in meinem Schaukelstuhl, das Telefon liegt kuschelig zärtlich auf meinem Schoß, und die Morgendämmerung bleibt Morgendämmerung, geht weiter, ohne sich in die Banalität des Morgens zu verwandeln. Und als es leise an meine Tür klopft, als mein Freund Jack und ich uns an der Schwelle gegenüberstehen, ist er wie die Morgendämmerung, eine frische Erscheinung.

Er strahlt mich an und kichert atemlos mit einer Aufgeregtheit, die meiner entspricht. „Hier bin ich. Ich bin da."

Gefangen im Ritual der Gesten, um ihn mit überwältigender Freude zu

"Where is your bed? What have you done with your bed? Good God, where is your bed."

begrüßen, schreckt Jack abrupt zurück, seine Augen starren über meine Schulter ratlos und erschrocken. „Was passiert hier, was ist los?", fragt er vorwurfsvoll.

Ich zucke mit den Schultern und biete ihm eine Geste großer Nonchalance an. Er greift meinen Arm, konfrontiert mich wie bei einem Verhör. „Etwas stimmt nicht. Ich kann es fühlen."

Er schiebt mich zur Seite, geht an mir vorbei, stürmt in den Raum, der ehemals mein Schlafzimmer war, steht an dem Platz, an dem mein Bett früher stand, seine Arme ausgestreckt in einer fiebrigen, verzweifelten Haltung, „Wo ist dein Bett? Was hast du mit deinem Bett gemacht? Guter Gott, wo ist dein Bett?"

SAND

I sat reading a book in the living room and I noticed a trickle of sand falling from the ceiling. I fetched a pot from the kitchen, placed the pot on the floor to catch the sand, and resumed my reading.

After a while I glanced at the pot and when it was full of sand I opened a window, threw the sand in the yard, and replaced the pot on the floor to catch the sand. Now the sand poured down as if someone had turned on a faucet of sand and sand also fell from other parts of the ceiling.

I went outside and looked around. I climbed up a ladder and reached the roof and then I climbed down the ladder, went back into the house, stood on a chair and got into the crawlspace above the ceiling. I found no explanation for the sand. "Soon I will have a beach in my living room," I said to myself and I emptied the pot full of sand out the window. I fetched several more containers, placed them on the floor to catch the sand. I sat down and tried to resume my reading. But the containers filled so rapidly that every few minutes I had to get up and empty a few of them.

Then sand poured out of the walls and sand also poured out of the chairs and tables and I realized it was now impossible to catch the sand in containers. I sat back and watched the sand cover the living room floor. Then I telephoned a friend to ask his advice.

"Not much you can do once the sand starts pouring out," my friend said.

"I can throw out the furniture. That's one thing I can do," I said. "But what about the walls and ceiling? I can't throw them out and I can't afford to replace them."

"It doesn't matter what you throw out or what you replace," my friend said. "You can throw out the furniture. You can replace the roof, the walls, the ceiling, the floor. You can replace the entire house, but after a while..."

"I can't afford to replace the entire house." Then I glanced into the bedroom. "Sand is also falling in the bedroom," I said and hung up the phone.

SAND

Ich saß im Wohnzimmer und las ein Buch und bemerkte ein Gerinsel von Sand, das von der Decke fiel. Ich holte einen Topf aus der Küche, stellte ihn auf den Boden, um den Sand aufzufangen und las weiter in meinem Buch.

Nach einer Weile schaute ich zum Topf. Als er voll Sand war, öffnete ich das Fenster, kippte den Sand hinaus und stellte den Topf wieder auf den Boden, um den Sand aufzufangen. Jetzt floss der Sand, als hätte jemand einen Hahn aufgedreht, und Sand fiel auch von anderen Stellen der Decke.

Ich ging aus dem Haus und schaute mich um. Ich stieg auf eine Leiter bis hoch zum Dach und stieg wieder hinunter, ging zurück ins Haus, stellte mich auf einen Stuhl und kroch auf den Dachboden. Ich fand keine Erklärung für den Sand. „Bald werde ich einen Strand in meinem Wohnzimmer haben", sagte ich mir und kippte den mit Sand gefüllten Topf aus dem Fenster. Ich holte noch mehr Behälter, stellte sie auf den Boden, um den Sand aufzufangen. Ich setzte mich wieder und versuchte weiterzulesen. Aber die Behälter füllten sich so schnell, dass ich alle paar Minuten aufstehen musste, um sie zu leeren.

Dann floss Sand aus den Wänden, und Sand floss auch aus den Stühlen und Tischen, und es wurde mir klar, dass es unmöglich war, den Sand weiterhin in den Behältern aufzufangen. Ich lehnte mich zurück und schaute zu, wie der Sand den Fußboden des Wohnzimmers bedeckte. Dann rief ich einen Freund an, wollte seinen Rat.

„Es gibt nicht viel, was du tun kannst, wenn der Sand beginnt herauszufließen", sagte mein Freund.

„Ich kann die Möbel rausschmeißen. Das ist etwas, was ich tun kann", sagte ich. „Aber was soll ich mit meinen Wänden und meiner Zimmerdecke tun? Ich kann sie nicht rausschmeißen, und ich kann es mir nicht leisten, sie zu ersetzen."

„Es ist egal, was du rausschmeißt und was du ersetzt", sagte mein Freund. „Du kannst die Möbel rausschmeißen, du kannst das Dach, die Wände, die Zimmerdecke, den Fußboden ersetzen. Du kannst das gesamte Haus ersetzen, aber nach einer Weile..."

„Ich kann es mir nicht leisten, das gesamte Haus zu ersetzen". Dann blickte ich in das Schlafzimmer. „Sand fällt auch ins Schlafzimmer", sagte ich und legte den Hörer auf.

CURTAINS

The curtains, they don't hang right. They don't hang straight. There's certainly something out of kilter in the fall of material from ceiling to floor, a basic unevenness about these curtains, although from outside you don't notice.

I went outside and looked and from outside everything's fine, like finally someone cares enough about living here to get curtains and hence that desolate look of big, naked glass window is now a thing of the past.

But from inside the apartment, when you're just sitting here and looking with critical eyes directly at the curtains, it's obvious they don't hang right.

Perhaps it has to do with the cheapness of the fabric. I didn't invest too heavily, and then I took the material to the seamstress right round the corner and a few days later I picked up the curtains, and when I got home I hung the curtains, but they obviously don't look right. Something is off, yet I suppose the long dark nights will be a bit better now with the curtains.

Then a friend comes in and suggests that I take them back, not the long dark nights because how could I possibly take those back, pack up my long dark nights in a cardboard box, drive out to the all-night department store and say, "Hi, remember me? I was in here a few nights ago about this time and I bought this box of long dark nights and, well, now I'm bringing them back because they're just not what I had in mind."

But the curtains, this friend can see that the fault is in the sewing and it's only right and fair that the seamstress should correct her mistakes.

This friend, he wants to right a wrong, and because there's nobody weeping behind the curtains, nobody seeking refuge, nobody ready to jumb out and say what's the big idea, he has all the time in the world to make his case, all the time in the world.

VORHÄNGE

Die Vorhänge, sie hängen nicht richtig. Sie hängen nicht gerade. Da ist sicherlich etwas schief, so wie der Stoff von der Decke zum Boden hängt, eine grundsätzliche Unebenheit an diesen Vorhängen, obwohl man das von außen nicht bemerkt.

Ich ging nach draußen und schaute, und von draußen sieht alles in Ordnung aus, als ob sich einer, der hier lebt, endlich darum kümmert, Vorhänge zu bekommen, und daher gehört der trostlose Anblick eines großen, nackten Glasfensters der Vergangenheit an.

Aber wenn man in der Wohnung sitzt und mit kritischen Augen direkt auf die Vorhänge schaut, ist es offensichtlich, dass sie nicht richtig hängen.

Vielleicht hat es mit dem billigen Stoff zu tun. Ich habe nicht so viel investiert, habe das Material gleich der Schneiderin gebracht, die um die Ecke wohnt, und ein paar Tage später die Vorhänge wieder abgeholt. Als ich nach Hause kam, hing ich die Vorhänge auf, aber sie sehen offensichtlich nicht richtig aus. Etwas stimmt nicht, aber ich vermute, dass die langen, dunklen Nächte mit den Vorhängen besser werden.

Dann kommt ein Freund herein und schlägt vor, dass ich sie zurückbringe, nicht die langen, dunklen Nächte, denn wie könnte ich sie zurückbringen, meine langen dunklen Nächte in einer Pappschachtel zusammengepackt, zum Tag und Nacht geöffneten Discount Kaufhaus fahren und sagen: „Hallo, erinnern Sie sich an mich? Ich war vor ein paar Nächten hier um diese Zeit und habe diese Box der langen, dunklen Nächte bei Ihnen gekauft, und nun bringe ich sie Ihnen zurück, weil sie einfach nicht das sind, was ich mir vorgestellt habe."

Aber die Vorhänge, der Freund kann erkennen, dass der Fehler in der Art des Nähens liegt, und es ist total richtig und fair, dass die Schneiderin, die den Fehler gemacht hat, ihn korrigiert.

Dieser Freund, der alles richtig machen will, und weil es niemanden gibt, der hinter den Vorhängen weint, niemand hinter ihnen Zuflucht sucht, niemand darauf wartet, hinter den Vorhängen plötzlich hervorzuspringen, um zu sagen, was für ein Theater hier gespielt wird, so hat der Freund alle Zeit der Welt, seinen Standpunkt zu erklären, alle Zeit der Welt.

SUNDAY EVENING

I awake from my nap. I look at the clock. I have slept later than intended. I dress hurriedly and, as I do every Thursday evening, I go to have dinner with George and Mary.

"Sorry I'm late," I say to George when he opens the door.

George stares at me. "Harry?"

"Hi George," I say, walking past him. Mary is sitting on the couch. "Sorry I'm late. I lay down when I got home and just slept. I don't usually just lie down and go off to sleep like that. But here I am, a little groggy, but none the worse for wear."

Mary takes off her glasses and she looks at George. He slowly closes the front door, folds his arms and leans against the door. I notice the newspapers in Mary's lap, newspapers scattered on the floor near the couch.

"I guess you figured I wasn't coming," I remark.

"Were we expecting you?" George asks.

I laugh, "Ha ha ha ha ha. You always expect me on Thursday evenings."

"Thursday evening!" George and Mary exclaim.

"Harry," Mary says gently, "this is Sunday evening."

I look at Mary and then I look around the room. George walks toward me. "It's Sunday evening, Harry."

"You'd better sit down," Mary suggests.

I sit next to Mary on the couch. I pick up a section of the newspaper and then I cast it aside. "So it's Sunday evening, is it?"

George pulls up a chair close to the couch. He sits on the edge of the chair and leans toward me. Then George says, "Harry, this is Sunday evening. Not Thursday evening."

"Of course it is," I answer.

George picks up a section of the newspaper and pointing with his finger he indicates SUNDAY. "See, Harry? It's Sunday, isn't it Harry?"

"We always read the newspaper on Sunday evenings," Mary says.

"When I awoke from my nap I rushed over here because I didn't want to be late for dinner," I explain.

"Well, it's Sunday," George says.

"I awoke and the first thing I thought, 'I hope I'm not late for dinner with George and Mary.' So I jumped out of bed. I was sure it was Thursday. I was sure I had just lain down after coming home from work."

"It's Sunday evening," Mary says. "If it were Thursday evening I would have

SONNTAGABEND

Ich erwache aus meinem Mittagsschlaf. Ich schaue auf die Uhr. Ich habe länger geschlafen als geplant. Ich ziehe mich schnell an, und wie jeden Donnerstagabend gehe ich zu George und Mary zum Abendessen.

„Entschuldige, dass ich zu spät komme", sage ich zu George, als er die Tür öffnet.

George starrt mich an. „Harry?"

„Hallo George", sage ich und gehe an ihm vorbei. Mary sitzt auf der Couch. „Tut mir leid, dass ich zu spät bin. Ich habe mich hingelegt, als ich nach Hause kam, und bin eingeschlafen. Normalerweise lege ich mich nicht einfach hin und schlafe so wie heute. Aber hier bin ich, ein wenig benommen, aber bald hellwach."

Mary nimmt ihre Brille ab und schaut zu George, während er langsam die Haustür schließt, seine Arme verschränkt und sich an die Tür lehnt. Ich bemerke die Zeitungen, die in Marys Schoß liegen, Zeitungen, verstreut auf dem Boden neben der Couch.

„Ich nehme an, ihr habt gedacht, dass ich heute Abend nicht komme", bemerke ich.

„Haben wir dich erwartet?", fragt George.

Ich lache: „Ha ha ha ha ha. Ihr erwartet mich doch immer am Donnerstagabend."

„Donnerstagabend!", rufen George und Mary.

„Harry", sagt Mary sanft, „es ist Sonntagabend."

Ich sehe Mary an und schaue mich im Raum um. George geht auf mich zu. „Es ist Sonntagabend, Harry."

„Du solltest dich besser hinsetzen", schlägt Mary vor.

Ich setze mich neben Mary auf die Couch, nehme einen Teil der Zeitung, dann werfe ich ihn zur Seite. „So, es ist also Sonntagabend?"

George zieht einen Stuhl zur Couch. Er sitzt auf der Stuhlkante und beugt sich zu mir. Dann sagt George: „Harry, es ist Sonntagabend, nicht Donnerstagabend."

„Natürlich", antworte ich.

George nimmt die Zeitung und zeigt mit dem Finger auf SONNTAG. „Siehst du, Harry? Guck mal, Harry! Es ist Sonntag, oder nicht, Harry?"

„Wir lesen die Zeitung immer am Sonntagabend", sagt Mary.

„Als ich aus meinem Mittagsschlaf erwachte, ging ich sofort hierher, weil ich nicht zu spät zum Abendessen kommen wollte", erkläre ich.

dinner prepared and I wouldn't be wearing this old dress. I wear this old dress when I sit around and read the newspaper on Sunday evening. Have you ever seen me reading the newspaper on Thursday evening? Of course you haven't. And look at George. George is unshaven. Have you ever seen George unshaven on Thursday evenings?"

"I never shave on Sundays," George says.

"We never have company on Sunday evenings," Mary says. "On Sunday evenings George and I sit together and we read the newspaper. We hardly talk to each other. We just relax and go to bed early."

"You took us by surprise," George says. "When I heard the knock on the door I said to Mary, 'Who could that be?' We never have company on Sunday evenings. And there you were. I was startled. 'Is this really Harry?' I asked myself when I opened the door. I'm sure you noticed how startled I was."

"Yes," I reply.

"You looked odd," George says. "That's why I said, 'Harry?' I wasn't sure it was you."

"You looked odd when you walked in the room," Mary says. "When you walked toward me I wasn't sure who you were. I said to myself, 'He sure looks like Harry. But what's Harry doing here on Sunday evening?'"

"I'll see you both on Thursday evening," I say as I get up.

"Where are you going?" Mary asks.

"Home, I'm going home."

"See you on Thursday evening, Harry," George says as he stands up and walks slowly toward the door.

"Wait a minute," Mary says, reaching up and holding my hand. "Have you had dinner?"

"I was expecting to have dinner with you and George as I always do on Thursday evenings."

"What do you usually do on Sunday evenings?" George asks.

"You still look a little strange, Harry," Mary says. "You should have a little something to eat and some coffee to wake up a little more before you leave."

"I don't want to disturb your Sunday evening."

"It's no longer our typical Sunday evening," George says.

"I never cook on Sundays, so you'll have to help yourself," Mary says.

"Let's go into the kitchen and fix you a Sunday evening snack," George says.

"I'll sit here and read the Sunday newspaper," Mary says.

"Help yourself," George says to me when we enter the kitchen. "Open the refrigerator and help yourself. We never cook dinner on Sunday evenings.

„Nun, es ist Sonntag", sagt George.

„Ich wachte auf, und das Erste, was ich dachte: ‚Ich hoffe, ich komme nicht zu spät zum Abendessen mit George und Mary.' Ich sprang aus dem Bett. Ich war mir sicher, dass es Donnerstag war. Ich war mir sicher, dass ich mich einfach hingelegt hatte, nachdem ich von der Arbeit nach Hause gekommen war."

„Es ist Sonntagabend", sagt Mary. „Wenn es Donnerstagabend wäre, hätte ich das Abendessen vorbereitet, und ich würde dieses alte Kleid nicht tragen. Ich trage dieses alte Kleid, wenn ich am Sonntagabend bequem herumsitze und in der Zeitung lese. Hast du mich jemals am Donnerstagabend Zeitung lesen gesehen? Natürlich hast du das nicht. Und schau George an. George ist unrasiert. Hast du jemals George am Donnerstagabend unrasiert gesehen?"

„Ich rasiere mich sonntags nie", sagt George.

„Am Sonntagabend haben wir nie Gesellschaft", sagt Mary. „Am Sonntagabend sitzen George und ich zusammen und lesen Zeitung. Wir reden kaum miteinander. Wir entspannen uns einfach und gehen früh ins Bett."

„Du hast uns überrascht", sagt George. „Als ich das Klopfen an der Tür hörte, sagte ich zu Mary: ‚Wer könnte das sein?' Sonntagabends haben wir nie Gesellschaft. Und da warst du. Ich war erschrocken. ‚Ist das wirklich Harry?', fragte ich mich, als ich die Tür öffnete. Ich bin mir sicher, dass du bemerkt hast, wie erschrocken ich war."

„Ja", antworte ich.

„Du sahst seltsam aus", sagt George. „Deshalb habe ich gesagt: ‚Harry?' Denn ich war mir nicht sicher, ob du es warst."

„Du sahst seltsam aus, als du den Raum betreten hast", sagt Mary. „Als du auf mich zukamst, war ich mir nicht sicher, wer du warst. Ich sagte zu mir: ‚Er sieht aus wie Harry. Aber was macht Harry hier am Sonntagabend?'"

„Ich sehe euch beide am Donnerstagabend", sage ich, während ich aufstehe.

„Wohin gehst du?", fragt Mary.

„Nach Hause, ich gehe nach Hause."

„Wir sehen uns am Donnerstagabend, Harry", sagt George, während er aufsteht und langsam zur Tür geht.

„Warte eine Minute", sagt Mary und nimmt meine Hand. „Hast du schon zu Abend gegessen?"

„Ich hatte erwartet, mit dir und George zu essen, wie immer am Donnerstagabend."

„Was machst du normalerweise am Sonntagabend?", fragt George.

„Du siehst immer noch ein bisschen seltsam aus, Harry", sagt Mary. „Du

There are some leftovers from Saturday night's dinner. Go ahead, Harry, help yourself."

Then George begins to giggle. "Hee hee hee hee hee. Excuse me. I can't help it. You don't mind if I giggle, do you Harry? Hee hee hee hee hee. That's Saturday night's dinner, Harry. Don't mind me. I'll pull myself together. I'll have a drink. Would you like a drink, Harry?"

"I'll just have some coffee," I say.

"Harry's going to have some coffee and I'm going to have a drink," George calls out to Mary. "Harry was going to have some of last night's dinner but he's changed his mind. Would you like a drink, dear?"

"I never drink on Sunday evenings," Mary replies.

George says, "Come on, Harry, let's have a drink. Coffee will only keep you awake. You'll be up all night."

"Okay George," I say.

George pours two glasses of whisky and he calls out, "What shall we feed Harry for dinner on Thursday evening, Mary?"

"Please, George, right now I simply want to read the Sunday paper," Mary says.

"I'm sorry, dear," George says. "Cheers," George says as he hands me the whisky. I drink it down in one toss and George does the same and then we go into the living room.

Mary puts aside the newspaper and takes off her glasses. "Well, Harry, how's it going now?"

"I'll be on my way."

"You look a lot better," Mary says. She stands up and embraces me. "I'm sorry it isn't Thursday evening," she says.

We all walk to the door. I open the door and step outside.

"It's getting chilly," Mary says.

"See you soon," I say.

I start to walk down the path but George calls me back. "Hey, Harry!" I look back and I see George and Mary standing in the doorway. Then George walks toward me. He shakes my hand. "Take care of yourself, Harry."

solltest etwas essen und etwas Kaffee trinken, um noch ein bisschen wach zu werden, bevor du gehst."

„Ich möchte euren Sonntagabend nicht stören."

„Es ist nicht mehr unser typischer Sonntagabend", sagt George.

„Ich koche nie sonntags, also musst du dir selbst helfen", sagt Mary.

„Lass uns in die Küche gehen und dir einen Sonntagabend-Snack zusammenstellen", sagt George.

„Ich bleibe hier sitzen und lese die Sonntagszeitung", sagt Mary.

„Bediene dich selbst", sagt George, als wir die Küche betreten. „Öffne den Kühlschrank und bedien dich. Sonntagabends kochen wir nie. Es gibt ein paar Reste vom Samstag-Abendessen. Greife zu, Harry, bedien dich."

Dann fängt George an zu kichern. „Hee hee hee hee hee. Entschuldigung. Ich kann nicht anders. Ich hoffe es macht dir nichts aus, wenn ich kichere, oder, Harry? Hee hee hee hee hee. Das ist das Abendessen von Samstag, Harry. Lass dich von meinem Kichern nicht stören. Ich werde mich zusammenreißen. Ich hol mir einen Drink. Möchtest du auch einen Drink, Harry?"

„Ich möchte nur etwas Kaffee", sage ich.

„Harry wird Kaffee trinken, und ich hol mir einen Drink", ruft George Mary zu. „Harry wollte die Reste von gestern Abend essen, aber er hat es sich jetzt anders überlegt. Möchtest du einen Drink, meine Liebe?"

„Ich trinke nie am Sonntagabend", antwortet Mary.

George sagt: „Komm schon, Harry, lass uns etwas trinken. Kaffee wird dich nur wach halten. Du wirst die ganze Nacht wach sein."

„Okay George", sage ich.

George schenkt zwei Gläser Whiskey ein und ruft: „Was sollen wir nun am Donnerstagabend für Harry kochen, Mary?"

„Bitte, George, jetzt möchte ich einfach nur die Sonntagszeitung lesen", sagt Mary.

„Es tut mir leid, meine Liebe", sagt George. „Prost", sagt George, als er mir den Whiskey reicht. Ich trinke ihn mit einem Schluck, und George tut dasselbe, und dann gehen wir ins Wohnzimmer.

Mary legt die Zeitung beiseite und nimmt ihre Brille ab. „Nun, Harry, wie geht es dir jetzt?"

„Ich mache mich auf den Weg."

„Du siehst viel besser aus", sagt Mary. Sie steht auf und umarmt mich. „Es tut mir leid, dass es nicht Donnerstagabend ist", sagt sie.

Wir gehen alle zur Tür. Ich öffne die Tür und gehe nach draußen.

„Es wird kalt", sagt Mary.

„Bis bald", sage ich.
Ich gehe den Weg hinunter, aber George ruft mich zurück. „Hey, Harry!"
Ich schaue zurück und sehe George und Mary in der Tür stehen. Dann kommt George auf mich zu. Er schüttelt meine Hand. „Pass gut auf dich auf, Harry."

HOTEL

As I sit in my study checking through the monthly bills, my wife, carrying an overnight bag, appears in the archway. Pale and frenzied, she divulges the news that she'll be spending the night at a hotel. I enquire if it's the same problem with the walls and mirrors. Yes indeed, the complications are much like the last time, the rooms expanding one moment, shrinking the next, and the mirrors pouring out in distorted fashion all their daily images, not to mention the photographs' strange behavior, muffled voices from the closets, and the howling in the attic.

I wonder if I can do anything to help, perhaps accompany her to the hotel, and she reveals that something weird is already happening with my eyes and my mouth, and my voice keeps bizarrely changing volume and my body seems to be varying in size and shape from one moment to the next so my not getting involved in trying to alleviate matters would probably be best. However, I shouldn't worry because, like the last time, everything will be back to normal as soon as she escapes the house and finds refuge at the hotel.

Glancing out the window, I notice that the taxi has pulled up and after she dashes out I stroll through the house, giving the place a casual once over, taking a quick glance in the attic, but I ignore the closets although I do peek into the mirrors and have a cursory look at the photos.

Back at my desk, I'm making progress when the phone rings. She's calling to let me know that she has a room on the top floor with a magnificent view and it's just what the doctor ordered, although a moment of getting trapped in the mirror and a slight panic attack while registering and she felt she didn't dare write her real address.

She has unpacked her things and it's always a unique event when she checks into a hotel and organises her make-up, toiletries, and necessary garments, and she is now lying between the fresh, crisp sheets. She's looking forward to swimming some laps in the pool and she'll certainly buy a new bathing suit from the elegant boutique right in the hotel lobby, but for now she will rest and watch a soap opera on TV.

She gives me her room number and why don't I drop by later and let's have a gourmet dish sent up from the French restaurant? She reminds me to bring my bathing suit in case I have the impulse to join her for a swim. After hanging up I conceive the plan to rent a room of my very own and also stay overnight at the hotel. I pack a few things in my bag, including a pair of brand new silk pyjamas which I have been saving for a special occasion, and my bathing suit.

HOTEL

Ich sitze in meinem Arbeitszimmer, um die monatlichen Rechnungen zu überprüfen, da erscheint meine Frau mit einer Reisetasche in der Hand in der Tür. Blass und im Zustand höchster Erregung teilt sie mir mit, dass sie die Nacht in einem Hotel verbringen wird. Ich frage sie, ob es sich um das gleiche Problem mit den Wänden und Spiegeln handelt. Ja, die Komplikationen sind ähnlich wie beim letzten Mal, die Räume dehnen sich aus und im nächsten Moment schrumpfen sie, und aus den Spiegeln strömen verzerrte Bilder von alltäglichen Dingen, ganz zu schweigen von dem merkwürdigen Verhalten der Fotos, den gedämpften Stimmen aus den Schränken und das Heulen von dem Dachboden.

Ich frage sie, ob ich irgendetwas tun könne, um ihr zu helfen, vielleicht sie ins Hotel zu begleiten, und sie teilt mir mit, dass mit meinen Augen und meinem Mund bereits etwas Seltsames passiert sei, dass meine Stimme immer merkwürdiger klingt und dass mein Körper in seiner Größe und Form sich von einem Moment auf den anderen verwandelt. Deshalb wäre es wahrscheinlich am besten, wenn ich mich nicht bemühen würde, diesen Wahn zu lindern. Ich sollte mir jedoch keine Sorgen machen, denn wie beim letzten Mal wird alles wieder normal sein, sobald sie das Haus verlässt und im Hotel Zuflucht findet.

Ich schaue aus dem Fenster und stelle fest, dass das Taxi bereits da ist. Und nachdem sie herausgestürmt ist, schlendere ich durch das Haus, schaue mich um in den Räumen, werfe einen flüchtigen Blick auf den Dachboden, aber ignoriere die Schränke, jedoch gucke ich in die Spiegel und werfe einen kurzen Blick auf die Fotos.

Dann setze ich mich wieder an meinen Schreibtisch, fahre fort mit meiner Arbeit, da klingelt das Telefon. Sie ruft an, um mich wissen zu lassen, dass sie ein Zimmer im obersten Stockwerk mit einer herrlichen Aussicht hat, und dass es genau so ist, wie es der Arzt empfohlen hätte, obwohl sie einen Moment im Spiegel gefangen wurde und eine leichte Panikattacke während der Registrierung bekam, denn sie wagte es nicht, ihre aktuelle Adresse anzugeben.

Sie hat ihre Sachen ausgepackt und es ist immer ein einzigartiges Ereignis, wenn sie in einem Hotel eincheckt und ihr Make-up, ihren Kulturbeutel und ihre mitgebrachten Kleidungsstücke ordnet. Jetzt liegt sie in dem frisch bezogenen Bett. Sie freut sich darauf, ein paar Runden im Pool zu schwimmen, und sie wird sicherlich einen neuen Badeanzug in der eleganten Boutique

While registering, I figure that having our separate quarters on the same floor would be charming so I ask the desk clerk for a single on the top floor and luckily one is still available.

In my room, I look out over the roof tops, attempting to orient the location of our own house in relation to the hotel. I change into my pyjamas, hang up my clothes, put my bathing suit into the drawer, lay out all my personal articles, then crawl between the pristine sheets and reach for the phone.

When she answers, I say guess where I am. I say it's certainly a magnificent view from up here on the top floor. After a silence in which I call out, "Hello, hello," she says what a stroke of genius on my part to take a room of my own and how entertaining to find ourselves in separate rooms on the same floor at this grand hotel and our vacant house a short distance away like a discarded object.

She would like to reflect on this matter while she continues with her rest and we can talk later and see what lies in store for the evening. I suggest that we peek out and wave hello, and she wonders if that's necessary as she's quite cosy, curled up under the snug blankets. But I coax her until she agrees.

I climb out of bed, poke my head out the door, and way down at the dark end of the long corridor a woman steps watchfully out of her room. Although I can't clearly make out the figure I'm sure she's my wife. I wave and after a moment she waves back.

der Hotellobby kaufen, aber jetzt ruht sie sich erst mal aus und schaut sich eine Soap Opera im Fernsehen an.

Sie gibt mir ihre Zimmernummer und sagt, warum kommst du nicht später vorbei? Lass uns ein Gourmet-Dinner aus dem französischen Restaurant bestellen. Sie erinnert mich daran, meine Badesachen mitzubringen, falls ich den Wunsch hätte, mit ihr schwimmen zu gehen. Nach dem Gespräch hab ich die Idee, ein eigenes Zimmer zu mieten und in ihrem Hotel zu übernachten. Ich packe ein paar Sachen in meine Tasche, darunter einen nagelneuen Seidenpyjama, den ich für einen besonderen Anlass aufgespart habe und meine Badehose.

Während ich im Hotel eincheke, stelle ich mir vor, dass es sehr charmant wäre, wenn sich unsere separaten Zimmer auf derselben Etage befinden würden, so frage ich den Rezeptionisten nach einem Einzelzimmer auf der obersten Etage, und zum Glück ist noch eines verfügbar.

In meinem Zimmer angekommen, schaue ich über die Dächer und versuche, mir ein Bild von der Lage unseres eigenen Hauses in Bezug auf das Hotel zu machen. Ich ziehe meinen Schlafanzug an, hänge meine Kleider auf, lege meine Badehose in den Schrank, breite all meine persönlichen Gegenstände aus, schlüpfe in die makellosen, frischen Laken und greife nach dem Telefon.

Als sie antwortet, sage ich, rate mal, wo ich bin. Ich sage, es ist gewiss eine herrliche Aussicht von hier oben im obersten Stock. Nach einem langen Moment der Stille am anderen Ende des Telefons, rufe ich „Hallo, Hallo", dann höre ich sie sagen, was für ein Geniestreich meinerseits es ist, ein eigenes Zimmer zu nehmen, und wie unterhaltsam es ist, sich in separaten Räumen auf der gleichen Etage in diesem Grand Hotel zu befinden, unser leerstehendes Haus in geringer Entfernung wie ein weggeworfener Gegenstand.

Sie möchte über diese Angelegenheit nachdenken, während sie sich weiter ausruht, und wir können später miteinander sprechen und sehen, was der Abend bringen wird. Ich schlage vor, dass wir einen Blick aus unseren Zimmern werfen und uns mit einem Hallo zuwinken, und sie fragt, ob das wirklich notwendig ist, da sie gerade so gemütlich zusammengerollt unter den kuscheligen Decken liegt. Aber ich bitte sie, bis sie zustimmt.

Ich steige aus dem Bett, stecke meinen Kopf durch die Tür, und weit hinten am dunklen Ende des langen Korridors tritt eine Frau aufmerksam schauend aus ihrem Zimmer. Obwohl ich die Gestalt nicht eindeutig erkennen kann, bin ich sicher, es ist meine Frau. Ich winke, und nach einem Moment winkt sie zurück.

FATHER RETIRES

I arrive at my father's house and find him sitting alone on the veranda, staring at the sea. "My son! Have you come to add to my sorrows?"

"Now that you are retired I thought you might have some extra time," I reply.

"Time," he says bitterly. "Yes there's time. I've never learned to swim."

"You were the captain of a great ship. You sailed the world," I say, hoping to cheer him up.

"That means nothing now. The sea mocks me because I've never learned to swim."

"I've tried to swim but something stands in my way," I say to my father, adding enthusiastically, "It's not too late. I can teach you."

"Don't be ridiculous," my father says. "You've just told me that you also can't swim."

"I told you that something stands in my way. I need your permission."

We go down to the sea, walk out on a long pier. My father rests his hands on my shoulder. "Swim," he commands.

I jump into the water. My father stands at the end of the long pier watching me swim. He raises his arms high above his head in a victorious salute. I swim way out in the sea. When I look toward the pier my father is barely visible so I turn back.

I'm far from shore and I'm treading water to rest a little while. I'd like to witness once again a victorious salute from my father but I see a launch at the pier, my father climbing aboard the launch. The launch begins its journey out to sea. As it goes past me I see my father among a group of men, all wearing their captain uniforms, and they are drinking a toast to my father.

The launch goes to a ship anchored a short distance away. My father and the other captains all climb aboard. I swim to the ship, tread water, call out to my father. Sailors stand at the railing on deck. They laugh and throw scraps of food at me while I plead with them to call my father. Finally he appears.

"What seems to be the trouble?" my father asks.

"Father, why didn't you wait for me? I can teach you to swim."

"Excuse me gentlemen," my father says to the other captains gathered around him, "but I must have a few words with this young man. Let us forget about swimming," my father says to me. "Swim away. Go to my house if you must. But this is no time to talk about our swimming."

It is night when I enter my father's house. Water drips from my body as

VATER IM RUHESTAND

Ich komme zum Haus meines Vaters. Er sitzt allein auf der Veranda und starrt auf das Meer. „Mein Sohn! Bist du gekommen, um mein Leid zu vergrößern?"

„Du bist im Ruhestand. So dachte ich, dass du vielleicht etwas mehr Zeit hast", antworte ich.

„Zeit", sagt er verbittert. „Ja, es gibt Zeit. Ich habe nie schwimmen gelernt."

„Du warst der Kapitän eines großen Schiffes. Du bist um die Welt gesegelt", sage ich und hoffe, ihn aufzumuntern.

„Das bedeutet jetzt nichts. Das Meer verspottet mich, weil ich nie schwimmen gelernt habe".

„Ich habe versucht zu schwimmen, aber etwas steht mir im Weg", sage ich meinem Vater und füge begeistert hinzu: „Es ist nicht zu spät. Ich kann es dir beibringen."

„Mach dich nicht lächerlich", sagt mein Vater. „Du hast mir gerade gesagt, dass du auch nicht schwimmen kannst."

„Ich habe dir gesagt, dass mir etwas im Weg steht. Ich brauche deine Erlaubnis."

Wir gehen hinunter zum Meer, gehen auf einen langen Bootssteg. Mein Vater stützt seine Hände auf meine Schultern. „Schwimme!", befiehlt er.

Ich springe ins Wasser. Mein Vater steht am Ende des langen Bootsstegs und beobachtet mich, während ich schwimme. Er hebt seine Arme hoch über seinem Kopf mit einem siegreichen Gruß. Ich schwimme weit raus aufs Meer.

Als ich zum Bootssteg schaue, ist mein Vater kaum sichtbar. Also fange ich an, zurück zu schwimmen.

Ich bin weit vom Bootssteg entfernt und trete Wasser, um mich ein wenig auszuruhen. Wie gerne würde ich wieder eine lobende Geste meines Vaters sehen. Jetzt sehe ich ein Motorboot an dem Bootssteg, in das mein Vater einsteigt. Das Motorboot beginnt seine Fahrt aufs Meer. Als es an mir vorbeifährt, sehe ich meinen Vater in einer Gruppe von Männern, die alle Kapitänsuniformen tragen. Sie trinken einen Toast auf meinen Vater.

Das Boot fährt zu einem großen Schiff, das nicht weit von mir vor Anker liegt. Mein Vater und die anderen Kapitäne steigen alle an Bord. Ich schwimme zum Schiff, trete Wasser, rufe nach meinem Vater. Seemänner stehen an der Reling. Sie lachen und werfen Speisereste auf mich, während ich sie anflehe, meinen Vater zu rufen. Endlich erscheint er. „Was ist hier das Problem?", fragt mein Vater.

I sit in his chair on the veranda. Staring out at the dark sea I search for the lights of the ship I know is anchored out there.

„Vater, warum hast du nicht auf mich gewartet? Ich kann dir doch das Schwimmen beibringen", rufe ich ihm zu.

„Entschuldigung, meine Herren, aber ich muss mit diesem jungen Mann ein paar Worte sprechen", sagt mein Vater zu den Kapitänen, die sich um ihn versammelt haben. „Lass uns das Schwimmen vergessen", ruft mein Vater mir zu. „Schwimme weg. Geh zu meinem Haus, wenn du musst. Aber es ist jetzt nicht die Zeit, über unser Schwimmen zu sprechen."

Es ist Nacht, als ich das Haus meines Vaters betrete. Wasser tropft von meinem Körper, während ich in seinem Stuhl auf der Veranda sitze. Ich starre auf das dunkle Meer hinaus und suche nach dem Licht des Schiffes, von dem ich weiß, dass es dort draußen liegt.

A PLACE TO STAY

I need a place to stay so I pay a call on a friend in the country. He welcomes me but it's a bad time for my visit. He is expecting some business associates and accommodations have to be provided. Highly confidential matters are to be gone over, the meeting itself being top secret, known only to the participants.

I assure the friend that I will find another place but he doesn't allow me to run off. He tells me I'm a refreshing presence after these last difficult months, bringing back his old confidence in himself and everything will be fine if I just keep out of the way. Having me close by will give him the courage to be more forceful in his negotiations. I can spend the night in one of the spare rooms, and after the guests arrive other arrangements can be made.

In the morning my friend awakens me. The participants have arrived and everyone is anxious to begin the discussion. Any delay will contribute to the general impatience. I thank him for putting me up and I will return at a more convenient time. But the friend insists that I stay. He has already informed his collaborators, convinced them that I am a dependable friend, incapable of betrayal. No one objects as long as I do not intrude.

He fetches a few books, magazines, writing materials. The businessmen can be heard muttering solemnly among themselves behind closed doors. My friend regrets having to ask me to spend the day in the yard but I can use the time to rest, lie in the sun, read, write a few letters. He requests that I remain within calling distance, just in case he needs my support. No time now for breakfast, but he will serve me lunch at the back door, and at night, after the day's agenda has been completed and all his cronies have gone to sleep, I can come in and curl up in an out-of-the-way corner. He appreciates my willingness to stand by him and after the serious business is taken care of we'll be together like the good old days.

I take a nap in the sun and upon waking up, still half-asleep, walk toward the house. The chorus of serious voices reminds me that I'm not allowed in. Entering the garden, I use the hose to wash off, sit in the shade, write a letter, and consider taking a long walk but recall the pact with my friend to stay close to the house in case he should call for me. Then the friend calls my name. Running to the house, I find him at the kitchen door. It's lunch time. He does not require my help but he appreciates the urgency with which I have responded. Knowing that I'm at his beck and call gives him faith in himself.

SUCHE NACH EINER UNTERKUNFT

Ich brauche eine Unterkunft, darum überrasche ich einen Freund mit meinem Besuch auf dem Land. Er freut sich, mich zu sehen, jedoch ist es eine ungünstige Zeit für meinen Besuch. Er erwartet die Ankunft von einigen Geschäftspartnern, und die Räume müssen zur Verfügung stehen. Es handelt sich um vertrauliche Angelegenheiten, das Treffen selbst ist streng geheim, nur den Teilnehmern bekannt.

Ich versichere meinem Freund, dass ich einen anderen Ort für mich finden werde, aber er lässt mich nicht gehen. Er sagt mir, dass ich, nach seinen letzten schwierigen Monaten, eine erfrischende Präsenz habe, dass er sein altes Vertrauen in sich selbst zurückgewinnt und alles gut wird, wenn ich nicht zu sichtbar bin. Mich in seiner Nähe wissend, bekommt er den Mut, mit voller Kraft in die Verhandlungen zu gehen. Ich kann in einem der leeren Zimmer übernachten, jedoch nach Ankunft der Gäste muss eine andere Lösung gefunden werden.

Am Morgen weckt mich mein Freund. Die Teilnehmer sind angekommen, und alle sind bestrebt, gleich in die Diskussion einzusteigen. Jede Verzögerung würde zur allgemeinen Ungeduld beitragen. Ich danke ihm, dass er mich untergebracht hat, und ich werde zu einem günstigeren Zeitpunkt zurückkehren. Aber der Freund besteht darauf, dass ich bleibe. Er hat seine Kollegen bereits informiert und sie davon überzeugt, dass ich ein verlässlicher Freund sei, der sie niemals verraten würde. Niemand hat etwas dagegen, solange ich fernbleibe.

Er holt ein paar Bücher, Zeitschriften und Schreibmaterialien. Hinter den geschlossenen Türen sind die sonoren Stimmen der Geschäftsleute zu hören. Mein Freund bedauert, mich bitten zu müssen, den Tag im Garten zu verbringen, aber ich könnte die Zeit nutzen, mich ausruhen, in der Sonne liegen, lesen und ein paar Briefe schreiben. Er bittet mich, in Rufweite zu bleiben, für den Fall, dass er meine Unterstützung braucht. Jetzt ist keine Zeit fürs Frühstück, aber er wird mir an der Hintertür das Mittagessen bringen, und nachts, wenn das Tagesprogramm beendet und alle seine Kumpanen eingeschlafen sind, kann ich reinkommen und mich in einer abgelegenen Ecke einrollen. Er schätzt meine Bereitschaft, an seiner Seite zu bleiben, und nachdem das Geschäftliche erledigt ist, werden wir zusammen sein wie in guten alten Zeiten.

Ich mache einen kurzen Mittagsschlaf in der Sonne und gehe nach dem Aufwachen auf das Haus zu. Der Chor ernster Stimmen erinnert mich daran,

Handing me my lunch, he informs me that the negotiations have already snagged on a crucial issue.

Then he goes back into the house to have lunch with the group. At night, the friend summons me to the back door where I'm supplied with food and a sleeping bag. Spending the night in the house is out of the question. After a long discussion on the issue he conceded that I must remain outside until the serious business is taken care of. He regrets the inconvenience but is counting on me to understand the urgency of the meeting. The pressure is extreme. His colleagues are worried that I might encroach in some way. My friend continues to assure everyone that there's no reason to be suspicious, but they do indeed become jumpy when glancing out the windows and seeing me walking by. Please stay away from that part of the house where the meeting is taking place. Remain out of sight. He says that judging from my appearance I have had a relaxing day. I look sunburned and well- rested.

Next morning I awake in the hot sun. A loud voice! Is that my friend? No, just one of the gang shouting angrily. Didn't my friend rouse me for breakfast? Is he all right? Perhaps he gave me a shout and when I didn't respond he assumed I had departed. I want my friend to know that I haven't run out on him, but I can't barge in. I cautiously approach the back door. There's a tray, a thermos of coffee, two boiled eggs, toast, and a note. When I didn't respond to his holler he walked out to wake me. Finding me curled up so peacefully under the big oak tree, he decided let me sleep. We will see each other at lunch time, and, remember, stay close by in case he needs my help.

Breakfast is followed by a cold shower with the garden hose, and I pass the time reading. During a stroll around the property, careful to avoid being seen, I settle into a secluded, sunny spot where I undress and sunbathe. My friend bellows out my name. Must be lunch time! I get dressed and walk to the back door. He's angry and wants to know what kept me from responding immediately. Is he to waste his valuable time waiting for me? I explain about my sunbath and promise to move more quickly from now on. He asks me to forgive his bad temper. He's on edge because the discussion is becoming increasingly complicated. The serious business is much more serious than he had ever imagined. He clasps my hand. When he speaks with me he regains some of his old confidence. I am so calm and peaceful. I give him the courage to continue with the conference.

I sit in the garden and eat my lunch, being careful to keep out of sight. I wash up and take a nap. When my name is shouted out, I rush to the kitchen door. Sad and weary, he informs me that the topic of my presence took up the

nicht in das Haus gehen zu dürfen. Ich gehe zurück in den Garten, benutze den Schlauch, um mich zu erfrischen, setze mich in den Schatten, schreibe einen Brief und erwäge einen langen Spaziergang, erinnere mich aber an den Pakt mit meinem Freund, in der Nähe des Hauses zu bleiben für den Fall, dass er nach mir rufen sollte. Dann ruft der Freund meinen Namen. Ich renne zum Haus, und da steht er an der Küchentür. Es ist Mittagszeit. Er braucht meine Hilfe nicht, aber er schätzt die Dringlichkeit, mit der ich reagiert habe. Zu wissen, dass ich auf Abruf da bin, gibt ihm Selbstvertrauen. Er reicht mir mein Mittagessen und informiert mich, dass die Verhandlungen an einem kritischen Punkt blockiert sind.

Dann geht er zurück ins Haus, um mit der Gruppe Mittag zu essen. Abends ruft mich der Freund zur Hintertür, versorgt mich mit Essen und Schlafsack. Im Haus die Nacht zu verbringen, kommt nicht in Frage. Nach einer langen Diskussion mit seinen Kollegen zu diesem Thema, musste er einsehen, dass ich draußen bleiben muss, bis das wichtige Geschäft erledigt ist. Er bedauert die Unannehmlichkeiten, rechnet aber mit meinem Verständnis, die Dringlichkeit des Treffens zu respektieren. Der Druck ist extrem hoch. Seine Kollegen befürchten, dass ich irgendwie eingreifen könnte. Mein Freund versichert weiterhin allen, dass es keinen Grund gibt, misstrauisch zu sein, aber sie werden nervös, wenn sie aus den Fenstern schauen und mich vorbeigehen sehen. Bitte halte dich von dem Teil des Hauses fern, in dem die Konferenz stattfindet. Bleibe außer Sichtweite. Er sagt, dass ich nach meinem äußeren Erscheinungsbild zu urteilen, einen entspannten Tag hatte. Ich sehe sonnengebräunt und ausgeruht aus.

Am nächsten Morgen wache ich auf in der heißen Sonne. Eine laute Stimme! Ist das mein Freund? Nein, nur einer der Bande, der wütend schreit. Hat mein Freund mich nicht zum Frühstück geweckt? Geht es ihm gut? Vielleicht hat er mich gerufen, und als ich nicht antwortete, nahm er an, ich wäre gegangen. Ich möchte, dass mein Freund weiß, dass ich ihn nicht verlassen habe, aber ich kann nicht in das Treffen hineinplatzen. Ich gehe vorsichtig zur Hintertür. Da steht ein Tablett, eine Kanne Kaffee, zwei gekochte Eier, Toast und eine Nachricht. Als ich nicht auf sein Rufen reagierte, ging er hinaus, um mich aufzuwecken. Als er mich so friedlich unter der großen Eiche zusammengerollt sah, ließ er mich schlafen. Wir werden uns zur Mittagszeit sehen, und ich soll mich daran erinnern, in der Nähe zu bleiben, falls er meine Hilfe braucht.

Nach dem Frühstück folgt eine kalte Dusche aus dem Gartenschlauch, und ich verbringe die Zeit mit Lesen. Während eines Spaziergangs auf dem

entire afternoon session. My friend has been scathingly criticized for his exercise of poor judgment in having allowed me to stay in the first place. Now he sees that he has erred in the interest of friendship. Tension and mistrust prevail and the general assumption is that it has to do with the knowledge that a stranger is right outside the house during this critical time.

But I must banish any thoughts of leaving. If I left and somehow news of this gathering leaked out I would be the likely suspect and my friend would have to bear the blame. He would then be ostracized and who would be left for him to do business with? They all agree that he must cease communicating with me until the conference ends. The talks are in a delicate phase and the concern is that he might confide in me and a chance remark would influence him in some contrary manner.

Obviously I am using the time in the yard to my advantage. I look healthier than ever. Serving my meals is not a bone of contention but all conversation must cease. The food will be left at the kitchen door. A bell will be rung. I reassure my friend that I have nowhere to go, and he should not be overly concerned about my eating, for the heat and lack of activity do not stimulate my appetite.

Grundstück, bemüht, nicht gesehen zu werden, lege ich mich an einen abgelegenen, sonnigen Ort, an dem ich mich ausziehe und sonnenbade. Mein Freund brüllt meinen Namen. Muss Mittagszeit sein! Ich ziehe mich an und gehe zur Hintertür. Er ist wütend und möchte wissen, was mich davon abhielt, sofort zu antworten. Soll er seine wertvolle Zeit verschwenden, um auf mich zu warten? Ich berichte von meinem Sonnenbad und verspreche, von jetzt an schneller zu reagieren. Er bittet mich, ihm seinen Wutanfall zu vergeben. Er ist gereizt, weil die Diskussion immer komplizierter wird. Die wichtigen Verhandlungen sind viel wichtiger, als er es sich jemals vorgestellt hat. Er umklammert meine Hand. Wenn er mit mir spricht, gewinnt er etwas von seinem alten Vertrauen zurück. Ich bin so ruhig und friedlich. Ich gebe ihm den Mut, die Konferenz fortzusetzen.

Ich sitze im Garten und esse mein Mittagessen, bin vorsichtig, nicht gesehen zu werden. Ich wasche mich und ruhe mich aus. Als mein Name gerufen wird, stürme ich zur Küchentür. Traurig und müde informiert mein Freund mich, dass meine Anwesenheit das Thema der gesamten Nachmittagssitzung war. Mein Freund wurde scharf kritisiert, weil er mir erlaubt hatte, die Nacht vor dem Beginn der Konferenz hier zu verbringen. Jetzt erkennt er, dass er sich im Interesse der Freundschaft geirrt hat. Es herrscht Spannung und Misstrauen, und der Verdacht ist, dass es damit zu tun hat, dass sich ein Fremder in dieser kritischen Zeit direkt im Umfeld des Hauses befindet.

Jedoch muss ich alle Gedanken des Weggehens verbannen. Wenn ich abreisen würde, und irgendwelche Nachrichten von dieser Versammlung nach außen dringen würden, wäre ich der Verdächtige, und mein Freund würde die Schuld tragen müssen. Er würde dann von seinen Verbündeten ausgestoßen, und mit wem würde er jemals Geschäfte machen können? Sie sind sich alle einig, dass er die Kommunikation mit mir abbrechen muss, bis die Konferenz endet. Die Gespräche befinden sich in einer heiklen Phase, und es besteht die Sorge, dass er sich mir anvertrauen könnte und eine zufällige Bemerkung ihn gegensätzlich beeinflussen könnte.

Offensichtlich nutze ich die Zeit draußen zu meinem Vorteil, denn ich sehe gesünder aus als je zuvor. Mahlzeiten zu servieren ist keine Streitfrage, aber alle Gespräche müssen aufhören. Das Essen wird an der Küchentür bereitgestellt. Eine Glocke wird geläutet. Ich versichere meinem Freund, dass ich nichts anderes vorhabe, und er soll sich nicht allzu viele Sorgen um mein Essen machen, denn der Mangel an Aktivität und die Hitze regen meinen Appetit nicht an.

RED DRESS

She's wearing her red dress, a long, loose-flowing garment, and I linger behind for the pleasure of watching her stroll ahead, her lithe, bright, graceful form, the dark pines, sunlight on the water visible through the trees, the lacy hem of her dress caressing the ferns on the forest floor.

She turns around to face me, waiting for us to continue side by side past the towering trees and dense undergrowth to our soft grassy secluded area on the river bank.

This afternoon it's quiet on the river, coolness in the air, no playful voices calling out, the sound of hammering on the other shore, the summer camp being boarded up.

No boats this afternoon, no swimmers, the wide, glimmering river looking somehow abandoned. A gust of wind catches us full in the face, rustling the trees. I lie down, figuring she'll take her place beside me, but she wants us to go for a final swim.

I tell her it's too cool for that, let's just lie together by the riverside, and in one sudden motion she's on her feet, raising the dress off over her head, hanging the red dress on a branch, gone into the water, the red dress in the wind.

ROTES KLEID

Sie trägt ihr rotes Kleid, ein langes, locker fließendes Gewand, und ich bleibe hinter ihr zurück aus reiner Freude, sie beim Vorausgehen zu betrachten, ihre geschmeidige, anmutige Form, die dunklen Kiefern, das Sonnenlicht auf dem Wasser, sichtbar durch die Bäume, die Spitzen am Saum ihres Kleides streicheln die Farne auf dem Waldboden.

Sie dreht sich zu mir, um mich anzuschauen und wartet darauf, dass wir Seite an Seite weitergehen, vorbei an den hoch aufragenden Bäumen und dem dichten Gestrüpp, zu unserem sanft Gras bewachsenen, abgeschiedenen Ort am Ufer des Flusses.

Heute Nachmittag ist es ruhig am Fluss, Kühle in der Luft, keine verspielten Stimmen zu hören, der Klang des Hämmerns am anderen Ufer, das Sommerlager wird geschlossen.

Keine Boote heute Nachmittag, keine Schwimmer, der weite, schimmernde Fluss sieht irgendwie verlassen aus. Ein Windstoß erwischt uns mitten im Gesicht, es raschelt in den Bäumen. Ich lege mich hin und rechne damit, dass sie sich neben mich legt, aber sie möchte, dass wir zum letzten Mal schwimmen.

Ich sage ihr, dass es zu kühl dafür ist, dass wir einfach zusammen am Flussufer liegen, dann mit einer plötzlichen Bewegung steht sie auf ihren Füßen, zieht das Kleid über ihren Kopf, hängt das rote Kleid an einen Zweig, geht in das Wasser. Das rote Kleid im Wind.

JAZZ

I get to Maggie's about ten, her children already in bed, walk through the shadows around back, across the patio, through the sliding glass doors, and I'm in the play room or whatever it's called, anyway a room with a good thick carpet which is important because Maggie likes to be on the floor.

And she's already got the bedding arranged so that from our lying position we will be able to look out and see the moon because it's a full moon, the luxurious moonlight pouring in, and then she appears in her long silk robe and soon we're lying side by side sipping wine, letting the moonlight soak into us.

Tonight it's Johnny Hartman and John Coltrane because Maggie likes words, said she wanted songs tonight, and they're doing 'Lush Life' while we're taking in Hartman's mellow, sorrowful voice, savoring the words together, getting attuned to the perfection of the moment of Coltrane's saxophone taking over.

But she's really taken by the lyrics, so we're talking about the different implications of 'lush' and I say come here my lush beauty in the lush moonlight and soon we're caught up in lush passion, and maybe it's the moonlight or just her getting carried away by the lyrics because she's beside herself tonight and I'm actually thinking it's true the moonlight does drive women crazy.

Afterward we're lying quietly while the music's playing and re-playing, and when near dawn she drifts off and I get up to prepare to leave, then she too rises, picks up her bathrobe trailing behind her as she goes to her bedroom, reminding me to leave the music on replay because she wants to hear it drifting into her sleep, to have it there when she wakes up.

Soon after I'm out the sliding doors, the moon glow transporting me, and I can still hear the jazz ever so mildly as I walk around the house, still barely hear it as I get to the street, and then just one more step and I've crossed the border between jazz and no jazz.

JAZZ

Ich komme um zehn Uhr zu Maggie. Ihre Kinder sind bereits im Bett. Ich gehe durch die Schatten hinter dem Haus, über die Terrasse, durch die Glastür, bin in dem Kinderspielzimmer, wie immer es genannt wird, ein Zimmer mit einem guten dicken Teppich. Das ist wichtig, weil Maggie am liebsten auf dem Boden liegt.

Und sie hat bereits die Decken so angeordnet, dass wir aus unserer Liegeposition hinausschauen und den Mond sehen können. Es ist Vollmond, luxuriöses Mondlicht fließt in den Raum, dann erscheint sie in ihrem langen, seidenen Gewand, und bald liegen wir Seite an Seite, trinken Wein, lassen das Mondlicht in uns eindringen.

Heute Abend ist es Johnny Hartman und John Coltrane, weil Maggie Worte mag. Sie wollte Lieder heute Abend und ‚Lush Life' läuft. Während wir Hartmans sanfte, traurige Stimme in uns aufnehmen, die Worte genießen, stimmen wir uns auf den perfekten Augenblick ein, Coltranes Saxophon führt.

Maggie ist von den Texten berührt, und wir sprechen über die verschiedenen Implikationen von ‚lush' und ich sage: „Come here my lush beauty in the lush moonlight", und bald sind wir in lush passion gefangen, und vielleicht ist es das Mondlicht oder einfach nur, dass sie sich von den Texten mitreißen lässt, weil sie heute Nacht außer sich ist, und eigentlich denke ich, es stimmt, das Mondlicht macht die Frauen verrückt.

Dann liegen wir ruhig nebeneinander, während die Musik spielt und immer wieder spielt. Kurz vor Tagesanbruch schläft Maggie ein. Ich stehe auf, bereite mich vor zu gehen, dann steht sie auf, nimmt ihren Bademantel, zieht ihn hinter sich her und geht auf ihr Schlafzimmer zu, mich daran erinnernd, die Musik auf Wiederholung zu lassen, weil sie die Musik hören möchte, während sie in den Schlaf fällt, um sie dann immer noch hören zu können, wenn sie am Morgen aufwacht.

Dann gehe ich hinaus durch die Glastür, der Mondschein trägt mich, und ich kann den Jazz hören, so leise und sanft, während ich durch die Schatten des Hauses gehe, den Jazz kaum noch höre, als ich die Straße erreiche, und dann noch ein Schritt und ich überschreite die Grenze zwischen Jazz und no Jazz.

UNBORN SON

A feeling of someone present disturbs my afternoon reverie on the front porch and standing there before me a hazy figure, the ghost of my unborn son.
"Pull up a chair," I say, for I had known this reckoning would come one day.
The wind is picking up, blurring my vision, and he's fading in and out but at least he's here.
Then on my lap a photo album, falling from out of nowhere an album of all he's missed out on, the pages flipping slowly, allowing me a glimpse of what would have been the usual photos through the years, childhood, adolescence, adulthood, my son maturing, looking more and more like me, the father.
I'm glad to know that it isn't the fate of the unborn to drift through time without any particular experiences to hang on to.
I take hold of the album but, up close, these photos, there's just me. Just me in scenarios I know as birth, birthdays, winning prizes, graduation, his wedding, his making something of his life, the usual stuff but no one else in the places where obviously there should be others, no one else, just outlines, not even my son.
"Ok, I get the point," I say to the fuzzy vision of my unborn son. "Now you can ask me whatever you want to know. Let's have it out once and for all." His image comes in strongly one moment and, though all sense of age is remarkably absent, he's an adult and I can see the resemblance.
Thinking of a memento or two that ought to be handed down, a story or two that ought to outlive me, I get up to allow my unborn son to know at least once in his non-life the embrace from the man who would have been his father.
A big wind comes up, the wind tugging at the album in my grasp. My son's gone, just a glimpse of him hovering above the treetops, though he does seem to be looking at me more directly now that he's at a safe distance, the way it tends to be with one's offspring, and a more powerful gust of wind takes the album, takes my son, who is ascending now.
He surely has an entourage of glimmering souls around him, all those people I couldn't get a glimpse of in the photos, the family and friends from the life he never had.

UNGEBORENER SOHN

Das Gefühl einer unerwarteten Anwesenheit stört meine nachmittägliche Träumerei auf der Veranda, und dort steht vor mir eine verschwommene Gestalt, der Geist meines ungeborenen Sohnes.

„Nimm dir einen Stuhl", sage ich, denn ich wusste, dass diese Abrechnung eines Tages kommen würde.

Der Wind nimmt zu, meine Sicht verschwimmt, und er verblasst, verschwindet und kommt zurück, aber zumindest ist er hier.

Dann auf meinem Schoß ein Fotoalbum, aus dem Nichts gefallen, ein Album mit allem, was er verpasst hat. Die Seiten blättern langsam im Wind und erlauben mir einen Blick auf das, was die üblichen Fotos im Laufe der Jahre hätten sein können, Kindheit, Jugend, Erwachsenwerden, mein heranwachsender Sohn, der mehr und mehr wie ich, der Vater, aussieht.

Ich bin froh zu wissen, dass es nicht das Schicksal der Ungeborenen ist, durch die Zeit zu schweben, ohne sich mit besonderen Erfahrungen zu verbinden.

Ich nehme das Album in meine Hände, aber wenn ich genau hinschaue, diese Fotos sehe, da bin nur ich zu sehen. Nur ich in Szenen, die ich erkenne als Geburt, Geburtstage, gewonnene Preise, Schulabschluss, seine Hochzeit, wie er etwas aus seinem Leben macht, die üblichen Ereignisse, aber niemand sonst an den Orten, an denen offensichtlich andere sein sollten, niemand sonst, nur Umrisse, nicht einmal mein Sohn.

„OK, ich versteh', was hier gesagt wird", sage ich zu der verschwommenen Gestalt meines ungeborenen Sohnes. „Jetzt kannst du mich fragen, was immer du wissen willst. Lass es uns ein für allemal aussprechen." Seine Erscheinung wird in diesem Moment klar sichtbar, und obwohl alle Spuren seines Alters bemerkenswert abwesend sind, ist er ein Erwachsener, und ich kann die Ähnlichkeit mit mir erkennen.

Während ich ein oder zwei Geschichten erinnere, die mich überleben sollten, stehe ich auf, um meinem ungeborenen Sohn zu erlauben, wenigstens einmal in seinem Nichtleben die Umarmung von dem Mann zu bekommen, der sein Vater gewesen wäre.

Ein starker Wind kommt auf, der Wind zerrt an dem Album in meiner Hand. Mein Sohn ist fort, nur ein flüchtiger Blick auf ihn, der über den Baumwipfeln schwebt, obwohl er mich jetzt direkter zu sehen scheint, jetzt, wo er in sicherer Entfernung ist, so wie es bei Nachkommen geschieht. Ein noch kräftigerer Windstoß nimmt das Album, nimmt meinen Sohn, der jetzt hinaufsteigt.

Er hat sicherlich ein Gefolge von anderen verschwommenen, ungeborenen Seelen um sich, all die Menschen, die ich nicht auf den Fotos erkennen konnte, die Familie und Freunde aus dem Leben, das er nie gehabt hat.

SELF-PORTRAIT WITH DEATH PLAYING THE FIDDLE
ARNOLD BÖCKLIN 1827–1901

Is this painting important to me or am I making it so because I want to write something and weeks ago I wrote in my notebook "Self-portrait with Death playing the fiddle", a reminder to write about going up to the museum, sitting on the nearby bench, Mr. Death in skeletal form, his macabre jaws gleefully parted, hollow eye sockets knowing what's he got a right to.

He's perched just over the artist's shoulder, playing his fiddle in the artist's ear, the artist in the painting, paint brush poised in one hand, suspended movement, palette in the other hand, his head tilted slightly back, listening, not turning to look, his heedful eyes, like questions fixed on me, focuses out from the canvas while death fiddles on.

The leisure of a free afternoon, I head on up to the museum, the portrait of the artist, distracted from his work by the melody of death's fiddle, the two of us listening together.

SELBSTPORTRÄT MIT FIEDELNDEM TOD
ARNOLD BÖCKLIN 1827–1901

Ist dieses Gemälde wichtig für mich, oder mache ich es wichtig, weil ich etwas schreiben möchte. Vor Wochen schrieb ich in mein Notizbuch ‚Selbstbildnis mit fiedelndem Tod', um mich daran zu erinnern, darüber etwas zu schreiben, wie ich ins Museum gehe, mich auf die Bank gegenüber dem Gemälde setze, der Tod als Skelett, seine makabren Kiefer lachend geöffnet, hohle Augenhöhlen wissen, worauf er ein Recht hat.

Nach vorn gebeugt steht der Tod hinter der Schulter des Künstlers, spielt seine Fiedel an des Künstlers Ohr, der Künstler auf dem Bild, sein Pinsel balanciert in der einen Hand, angehaltene Bewegung, die Palette in der anderen Hand, den Kopf leicht nach hinten geneigt, zuhörend, nicht abgewandt, um zu schauen, seine achtsamen Augen fragend auf mich fixiert, von der Leinwand auf mich gerichtet, während der Tod weiter fiedelt.

Müßiggang eines freien Nachmittags, ich gehe hinauf zum Museum, das Selbstporträt des Künstlers, abgelenkt von seiner Arbeit durch die Melodie der Todesfiedel, der wir beide gemeinsam lauschen.

OCCURRENCE

Right now I'm remembering you as you are at this moment, my remembering taking the lead, for even before you turn and look out the window at the gathering twilight, saying "It's later than I thought," I already have you in memory saying exactly those words.

Even before I say, "Stay awhile longer," and you answer that you must be going I already have your script in the realm of nostalgia.

And then I just know, the way knowing happens between two kindred souls, our eyes calmly ablaze with seeing, our ears graciously tuned to the echo of your words and mine, I know it's the same for you.

Your memory's got me as well and I can surrender, our memories merging, running the show.

We don't need to endure an added commentary on what's happening for, in the limelight, we've got our roles on the everlasting stage called the past which at this moment doesn't seem to belong to either of us, to no one actually.

And the melancholy atmosphere seeping into the room has nothing to do with you and me, for it's time itself relieving us of all complicity.

Now by the door, we are like peaceful ghosts, our glances meeting, somehow gently unconcerned about when, or again, or never.

EREIGNIS

Genau jetzt erinnere ich mich daran, wie du in diesem Moment bist, meine Erinnerung leitet mich, denn sogar, bevor du dich umdrehst und aus dem Fenster in die beginnende Dämmerung schaust und sagst: „Es ist später als ich dachte", habe ich dich schon in Erinnerung, wie du diese Worte sagst.

Noch bevor ich sage: „Bleib noch eine Weile", und du antwortest, dass du gehen musst, habe ich bereits dein Skript im Land der Nostalgie.

Und dann weiß ich einfach, wie eben das Wissen zwischen zwei verwandten Seelen entsteht, unsere Augen im Sehen ruhig glänzend, unsere Ohren grazil auf das Echo deiner und meiner Worte eingestellt, ich weiß, dass es für dich genauso ist.

Deine Erinnerung hat mich ebenso erfasst und ich kann mich hingeben, unsere Erinnerungen verschmelzen, sie prägen dieses Ereignis.

Wir müssen keinen zusätzlichen Kommentar ertragen, zu dem, was passiert, denn im Rampenlicht haben wir unsere Rollen auf der ewigen Bühne, genannt die Vergangenheit, die in diesem Moment keinem von uns zu gehören scheint, eigentlich niemandem.

Und die melancholische Atmosphäre, die in den Raum eindringt, hat nichts mit dir und mir zu tun, denn es ist an der Zeit, uns von jeglicher Komplizenschaft zu befreien.

Jetzt an der Tür sind wir wie friedliche Geister, unsere Blicke treffen sich irgendwie in behutsamer Unbekümmertheit, wann oder wieder oder niemals.

SHALL WE SQUANDER

Shall we squander or simply waste? You can't think and you have your reasons.

Praise to those who are unable to carry the tune but still know all the words to the song.

All I make is darkness, tightly woven. Hence the presence of my knitting needles.

Blinded by his hunger for an identity, he easily fell prey to a role model that was seriously out of date. Please warn your readers.

I'm off to Australia. I intend to become authentic.

I've never betrayed a friend. Our answer is: Why not?

On Motivation: It's all about going there. Getting there. Being there. The question is, There? After you have dressed for the party, head for the door. If you sit down you might change your mind. If you're too early you must still be brave. If you don't know, just follow someone other than yourself. If caught in the act, "Are you following me?" The correct answer is, "No, but I'm walking behind you in the same direction. We're like two words in a sentence."

That you are who you are is no mystery. The mystery is that you're not someone else.

Everyday I'd go to the same restaurant for lunch. I always ordered the same item on the menu. The last time I went, "I already know what you want," said the waiter. "You don't have to tell me anything." Everyone laughed heartily, including the kitchen help. I haven't been back since. I miss my usual lunch but I have my principles.

A fine collection of principles. But what about your habits?

A too active imagination indicates lack of real character.

Our love affair suffered from a bad case of competing fictions.

In autumn, books fall from the shelves.

Everyone I see today in profile, it's the same, same profile. And please don't try to talk me out of it.

SOLLEN WIR VERGEUDEN

Sollen wir vergeuden oder einfach verschwenden? Du kannst nicht denken, und du hast deine Gründe.

Gelobt seien die, die nicht fähig sind, die Melodie zu halten, aber dennoch alle Worte des Liedes kennen.

Alles, was ich mache, ist Dunkelheit, dicht verwoben. Daher die Anwesenheit meiner Stricknadeln.

Geblendet von seinem Hunger nach Identität, war er leichte Beute für ein Rollen-Vorbild, das völlig veraltet war. Bitte warnt Eure Leser.

Ich bin weg nach Australien. Habe vor, eine echte Person zu werden.

Habe noch nie einen Freund betrogen. Unsere Antwort ist: Warum nicht?

Zur Motivation: Es geht darum, dorthin zu gehen. Dahin zu kommen. Dort zu sein. Die Frage ist: Dort? Nachdem du dich für die Party angezogen hast, gehe zur Tür. Solltest du dich setzen, könntest du deine Meinung ändern. Wenn du zu früh bist, musst du trotzdem mutig sein. Wenn du nicht sicher bist, folge einfach einer Person, die du nicht bist. Wenn du ertappt wirst, „Folgen Sie mir?" Die richtige Antwort lautet, „Nein, aber ich gehe hinter Ihnen her in dieselbe Richtung. Wir sind wie zwei Worte in einem Satz."

Dass du bist, wer du bist, ist kein Geheimnis. Das Geheimnis ist, dass du kein anderer bist.

Jeden Tag ging ich zum Mittagessen in dasselbe Restaurant. Ich habe immer dasselbe Gericht auf der Speisekarte bestellt. Als ich das letzte mal dorthin ging, „Ich weiß schon, was du willst", sagte der Kellner. „Du musst mir nichts sagen." Alle lachten herzhaft, sogar die Küchenhilfe. Seitdem bin ich nicht mehr dorthin zurückgegangen. Ich vermisse mein regelmäßiges Mittagessen, jedoch habe ich meine Prinzipien.

Eine feine Ansammlung von Prinzipien. Aber was ist mit deinen Gewohnheiten?

Eine zu aktive Vorstellungskraft weist hin auf einen Mangel an echtem Charakter.

Unsere Liebesbeziehung leidet unter einer hoffnungslosen Angelegenheit von konkurrierenden Fiktionen.

Im Herbst fallen Bücher von den Regalen.

Jeder, den ich heute im Profil sehe – es ist dasselbe, dasselbe Profil. Und bitte versuche nicht, mir das auszureden.

BECAUSE

It's cold in here so the thing to do now is get up and close the window, but I'm waiting because the window looks good swung open in a daring sort of way, and because the fresh air gives me the feeling of participating in a world larger than myself because I'm sure that my neighbours sitting out are pleased to see the window open, whispering among themselves, "Look, his window is actually open."

They aren't waiting and wondering what to do next because they're enjoying the sunshine, appropriately dressed for the cool, sunny afternoon, and the open window is part of what is currently happening because sunny weather means open windows, though the fresh air does make it cold in here. Not to mention the breeze rustling the papers lying about, making me sense a ghostly presence in the room with me.

Closing the window would mean taking action, remedying the situation immediately, but then all those normal folks contentedly placed in the world outside my window would look up at me and chat among themselves, saying, "Look at that guy! He hardly ever leaves his flat, never joins us in the sunshine, and now he's closing the window which he opened a little while ago. Does he have something against fresh air?"

The thing to do now doesn't seem to be wrapping a blanket around myself and waiting for the ghostly presences to reveal themselves because I'm not in the least interested in ghostly presences and because most people don't like to wait and I want to be like most people for whom waiting is not considered a good thing. One hears the expression, "Let's wait. It will be better if we wait," but it's not the waiting that's relished because you want the waiting to be over. You want to have what you're waiting for, assuming you know what that is.

Of course I could simply leave the window bravely open, go hide out under the warm covers and then later sneak out of bed and close the window because the window will have been open a decent length of time, the sun will have gone down, night coming on, which always gives me something else to think about because nightfall is, so to speak, an experience well worth mulling over just because I'm always left holding the proverbial bag, exclaiming, "Hey, is that all there is!"

WEIL

Es ist kalt hier drinnen, es gilt jetzt aufzustehen und das Fenster zu schließen, aber ich warte, weil weit geöffnete Fensterflügel in ihrer gewagten Position gut aussehen, und weil die frische Luft mir das Gefühl gibt, an einer Welt teilzunehmen, die größer ist als ich, weil ich mir sicher bin, dass meine Nachbarn, die draußen sitzen, erfreut sind über die offenen Fenster und einander zuflüstern: „Schaut mal, sein Fenster ist tatsächlich offen."

Sie warten nicht und fragen sich nicht, was als nächstes zu tun ist, weil sie den Sonnenschein genießen, und dem kühlen, sonnigen Nachmittag entsprechend gekleidet sind, und das offene Fenster ist Teil des aktuellen Geschehens, weil sonniges Wetter bedeutet, die Fenster zu öffnen, obwohl die frische Luft es hier drinnen kalt werden lässt. Ganz zu schweigen von der Brise, die das herumliegende Papier zum Rascheln bringt und in dem Raum eine gespenstische Präsenz entstehen lässt.

Das Fenster zu schließen, würde bedeuten, Maßnahmen zu ergreifen, um die Situation sofort zu beheben, aber dann würden diese normalen Menschen, die in ihrer Zufriedenheit in der Welt vor meinem Fenster platziert sind, zu mir aufschauen und miteinander tuscheln und sagen: „Schaut euch diesen Kerl an! Er verlässt kaum seine Wohnung, sitzt nie mit uns in der Sonne, und jetzt schließt er das Fenster, das er erst vor kurzem geöffnet hat. Hat er etwas gegen die frische Luft?"

Es scheint nicht das Richtige zu sein, eine Decke um mich zu wickeln und darauf zu warten, dass sich die geisterhaften Wesen offenbaren, weil ich mich nicht im Geringsten für geisterhafte Wesen interessiere, und weil die meisten Menschen nicht gerne warten, und ich möchte wie die meisten Menschen sein, die das Warten als keine gute Sache einschätzen. Man hört den Ausdruck: „Lasst uns warten. Es wird besser sein, wenn wir warten." Aber nicht das Warten lohnt sich, denn du möchtest, dass das Warten vorbeigeht. Du willst das haben, worauf du wartest, vorausgesetzt, du weißt, was es ist.

Natürlich könnte ich einfach das Fenster mutig offen lassen, mich unter den warmen Decken verstecken und mich später aus dem Bett schleichen und das Fenster schließen, weil das Fenster bereits eine gute Zeit lang offen gewesen wäre, die Sonne untergegangen wäre, die Nacht kommen würde, die mir immer wieder etwas anderes zum Nachdenken bringt, weil der Einbruch der Nacht sozusagen eine sich lohnende Erfahrung ist, über sich nachzudenken, weil ich immer die Dinge selbst ausbaden muss und dann ausrufe: „Hey, ist das alles, was es gibt?"

YOU'RE NOT JACKIE

I'm waiting for Jackie. I sit at the bar and have a few drinks. Every time a woman enters I mutter to myself, "You're not Jackie."

I look closely at each woman to see if anything about her reminds me of Jackie. Is her mouth similar? Her hair? Her eyes? Her clothes?

Jackie walks in. I wave but she doesn't see me. I give her time to get seated and then I walk up behind her, kiss her neck, and she turns to face me.

She is not Jackie.

"You're not Jackie!"

"No, I'm not Jackie."

"You look exactly like Jackie. When I saw you walk in I was sure you were Jackie. Up close I can detect the dissimilarities. But if I step back a few paces, then you look exactly like Jackie. Sorry to bother you. Jackie will be here soon and you can see for yourself."

"You're not bothering me. I want to know more about Jackie. Talk to me about Jackie. Let's have a drink together while you wait for her."

The woman and I have a few drinks together and I tell her about Jackie. Also, I keep trying to reach Jackie on the phone but no answer.

I say to the woman, "I look at you and I think you are Jackie and I forget that I'm actually waiting for Jackie."

"Perhaps she isn't coming," the woman says.

The woman goes home with me.

"Your body is like Jackie's," I say to the woman when she has taken off her clothes.

"Show me how you are with your Jackie on such intimate occasions," the woman suggests.

The next night Jackie and I are together at the bar while the woman who looks like Jackie sits nearby.

"I'm sorry about last night," Jackie says. "I tried to get here but I had one of my terrible headaches. And you know how miserable that can be for me! Straight to bed, impossible to deal with phone calls of any kind. Can you forgive me?" Jackie shrugs slightly and then kisses me. She says, "Order me another drink, will you?"

When Jackie goes to the powder-room, the woman who looks like Jackie sits next to me. "I'm sorry about last night," the woman says. "I tried to get here but I had one of my terrible headaches. And you know how miserable that can be for me! Straight to bed, impossible to deal with phone calls of any kind. Can

DU BIST NICHT JACKIE

Ich warte auf Jackie. Ich sitze an der Bar und habe ein paar Drinks. Jedes Mal, wenn eine Frau eintritt, sage ich zu mir selbst „Du bist nicht Jackie."

Ich schaue jede Frau genau an, um zu sehen, ob irgendetwas von ihr mich an Jackie erinnert. Ist ihr Mund ähnlich? Ihre Haare? Ihre Augen? Ihre Kleidung?

Jackie kommt herein. Ich winke, aber sie sieht mich nicht. Ich lasse ihr Zeit, sich an einen Tisch zu setzen, und dann stelle ich mich hinter sie, küsse ihren Nacken, und sie dreht sich zu mir um.

Sie ist nicht Jackie.

„Du bist nicht Jackie!"

„Nein, ich bin nicht Jackie."

„Du siehst genau wie Jackie aus. Als ich dich beim Reinkommen sah, war ich sicher, dass du Jackie bist. Aus der Nähe erkenne ich die Unterschiede. Aber wenn ich ein paar Schritte zurücktrete, dann siehst du genauso aus wie Jackie. Entschuldige, dass ich dich belästige. Jackie wird bald hier sein, und du kannst es selbst sehen."

„Du belästigst mich nicht", sagt die Frau. „Ich will mehr über Jackie erfahren. Sprich mit mir über Jackie. Lass uns zusammen etwas trinken, während du auf sie wartest."

Die Frau und ich haben ein paar Drinks, und ich erzähle ihr von Jackie. Gleichzeitig versuche ich, Jackie am Telefon zu erreichen, aber keine Antwort.

Ich sage zu der Frau, „Ich sehe dich an, und ich denke, du bist Jackie, und ich vergesse, dass ich eigentlich auf Jackie warte."

„Vielleicht kommt sie nicht", sagt die Frau.

Die Frau geht mit mir nach Hause.

„Dein Körper ist wie Jackies", sage ich zu der Frau, während sie ihre Kleider auszieht.

„Zeig mir, wie du mit deiner Jackie bist, in so intimen Momenten", schlägt die Frau vor.

Am nächsten Abend sind Jackie und ich zusammen in der Bar, während die Frau, die aussieht wie Jackie, ganz in der Nähe sitzt.

„Es tut mir leid, was gestern Abend passiert ist", sagt Jackie." Ich habe versucht, hierher zu kommen, aber ich hatte wieder mal meine schrecklichen Kopfschmerzen. Und du weißt, wie elend ich mich dann fühle, gehe

you forgive me?" The woman shrugs slightly and then kisses me. She says, "Order me another drink, will you?"

"Perfect!" I say enthusiastically. "You've got it. That's exactly like Jackie."

direkt ins Bett, unmöglich mich mit irgendwelchen Telefonanrufen zu beschäftigen. Kannst du mir vergeben?" Jackie zuckt leicht mit den Schultern und küsst mich. Sie sagt: „Bestelle mir noch einen Drink, bitte."

Als Jackie in die Damentoilette geht, sitzt die Frau, die wie Jackie aussieht, neben mir. „Es tut mir leid, was gestern Abend passiert ist", sagt die Frau. „Ich habe versucht, hierher zu kommen, aber ich hatte wieder mal schreckliche Kopfschmerzen. Und du weißt, wie elend ich mich dann fühle, gehe direkt ins Bett, unmöglich mich mit irgendwelchen Telefonanrufen zu beschäftigen. Kannst du mir vergeben?" Die Frau zuckt mit den Schultern und küsst mich. Sie sagt: „Bestelle mir noch einen Drink, bitte."

„Perfekt!", sage ich begeistert. „Du hast es. Das ist genau wie Jackie."

KLAUS

The telephone rang. It was Klaus. "Klaus?" I asked.
"Yes, Klaus," Klaus said.
"Klaus?" I asked again.
"Yes, Klaus. Klaus," he said emphatically.
"Ah, yes. Of course. Klaus. Just a moment please."
For indeed a bell had rung in memory and thankful once again for the decision made a few years ago to keep up preparation for my great book, I now looked through my files under the letter K.

Sure enough, there was a page for Klaus, a note, a description, details concerning the party at which I had met Klaus, and an entry that said Klaus had not been happy in Paris.

"Yes, dear Klaus. You were not happy in Paris."

"No," he said. "I was not happy in Paris. But that is not the reason I am phoning, for as you well know I am no longer in Paris."

"Of course you are no longer in Paris. But I so clearly remember," I said as I read from my notes, "everyone that you met in Paris seemed to go off without you, Monica to meet Pierre and Pierre to meet Monica, and Jacques and Jean-Paul tagging along always with each other for some mysterious tête-à-tête in the café. But Klaus, I have been thinking it over and I must ask you, could it have been the journals? Perhaps it was simply that they needed time to write in their journals and the truth is that you could have easily joined in, a simple matter of carrying along your own journal in your shoulder bag. Dear Klaus, did you consider the journals?"

"There were no journals," Klaus said.

"But how could that be?" I asked. "Unless of course there was insanity lurking about in their family history, some dreadful spiritual sickness of one kind or another, some overwhelming angst or malaise, the renowned sickness and dread, the fear and trembling and lack of will. In that case, dear Klaus, it was all for the best to have been lonely in Paris. But of course that isn't why you phoned."

"No," he said. "That isn't why I phoned."

"No, of course it isn't. But I clearly remember how you caught my attention, how you stood, noble and alone, alone in the crowd — as I suppose you so very often are, my dear Klaus — how you spoke out, saying, 'I was lonely in Paris.'"

"Yes," Klaus said. "I was indeed lonely in Paris. But I am now calling to invite you to come with me for a ride in my canoe. How about it? It's such a

KLAUS

Das Telefon klingelte. Es war Klaus. „Klaus?", fragte ich.
„Ja, Klaus", sagte Klaus.
„Klaus?", fragte ich noch einmal.
„Ja, Klaus. Klaus", sagte er nachdrücklich.
„Ah ja. Natürlich. Klaus. Einen Moment bitte."

Denn tatsächlich erinnerte ich mich und war wieder einmal dankbar für meine vor einigen Jahren getroffene Entscheidung, mit der Vorbereitung meines großartig geplanten Buches fortzufahren. Ich sah jetzt meine alphabetisch gesammelten Notizen unter dem Buchstaben ‚K' durch.

Und es stimmte, es gab eine Seite für Klaus, eine Notiz, eine Beschreibung, Details über die Party, bei der ich Klaus getroffen hatte, und einen Eintrag, der besagte, dass Klaus in Paris nicht glücklich gewesen war.

„Ja, lieber Klaus. Du warst nicht glücklich in Paris."

„Ja", sagte er, „das stimmt. Ich war nicht glücklich in Paris. Aber das ist nicht der Grund, warum ich dich anrufe, denn wie du weißt, bin ich nicht mehr in Paris."

„Natürlich bist du nicht mehr in Paris. Aber ich erinnere mich genau daran", sagte ich, während ich in meinen Notizen las. „Jeder, den du in Paris getroffen hattest, schien Pläne ohne dich zu machen, Monika, um Pierre zu treffen, und Pierre, um Monika zu treffen, und Jacques und Jean-Paul, die nie ohne den anderen auf dem Weg zu einem mysteriösen Tête-à-Tête im Café waren. Aber Klaus, ich habe darüber nachgedacht, und ich will dich fragen, könnte es sein, dass es mit den Tagebüchern zu tun hat, dass sie alle vielleicht einfach Zeit brauchten, um im Café in ihren Tagebüchern zu schreiben, und die Wahrheit ist, dass du leicht hättest mitmachen können, eine einfache Sache wäre es gewesen, dein eigenes Tagebuch in Deiner Tasche mitzunehmen. Lieber Klaus, hast du jemals die Tagebücher in Betracht gezogen?"

„Sie hatten keine Tagebücher", sagte Klaus.

„Aber wie konnte das sein?", fragte ich. „Es sei denn, dass in deren Familiengeschichten der Wahnsinn lauerte, eine schreckliche Geisteskrankheit der einen oder anderen Art, eine überwältigende, existentielle Angst oder Malaise, die Furcht und das Zittern und der Mangel an Lebenswillen. In diesem Fall, lieber Klaus, war es das beste, was dir geschehen konnte, in Paris einsam gewesen zu sein. Aber natürlich ist das nicht der Grund, warum du angerufen hast."

„ Nein", sagte er. „Das ist nicht der Grund, warum ich angerufen habe."

lovely day. We could meet at the river, just under the bridge. Will you come with me for a ride in my canoe?"

I was nonplussed. A canoe! A ride in his canoe! Just who does he think he's talking to?

Was it not clear to Klaus the night we met, the night I listened to his wail of loneliness in Paris, was it not obvious from my demeanor, my beret, my scarf, my deeply inward-looking café eyes – not to mention the vial of snuff I always keep handy – was it not obvious to Klaus that I am not the kind of person who relishes the idea of a ride in a canoe? Klaus is lacking in powers of observation, in his capacity to estimate and understand another human being. Why should I waste my time with someone like Klaus?

But I was so nonplussed that I could only answer in an overly cheerful falsetto voice, "See you at the river."

Then I hung up the phone.

And now it was quite obvious to me why Klaus had been lonely in Paris. A man with canoes on his mind can be nothing but lonely in Paris. And what about canoes in Paris? Perhaps I can research this later in my master encyclopedia. Look it up under: Canoe/Paris. But now it is clear that this friendship with Klaus has no future. No journals! Of course there were journals. Klaus simply didn't see them. Klaus was too busy thinking about canoes. No wonder he was doomed to be lonely in Paris.

And even though we are not in Paris I must say, "No, Klaus. My dear Klaus, there is no future for us. Never dinner with you, Klaus. Never to the theater with you, Klaus. Never afternoons in the café with you Klaus. Certainly never with you in a canoe paddling down a lazy river."

„Nein, natürlich ist es nicht der Grund", sagte ich. „Aber ich erinnere mich ganz genau, wie stark meine Aufmerksamkeit auf dich gerichtet wurde, wie du da standest, edel und allein, allein in der Menge – genauso sehe ich dich, mein lieber Klaus – und höre dich sprechen: ‚Ich war einsam in Paris.'"

„Ja", sagte Klaus. „Ich war wirklich einsam in Paris. Aber ich rufe dich jetzt an, um dich einzuladen, mit mir einen Ausflug in meinem Kanu zu machen. Wie wäre es damit? Es ist ein so schöner Tag. Wir könnten uns am Fluss treffen, direkt unter der Brücke. Willst du mit mir einen Ausflug in meinem Kanu machen?"

Ich war sprachlos. Ein Kanu! Eine Fahrt in seinem Kanu! Mit wem glaubt er zu sprechen?

War es Klaus nicht klar an dem Abend, an dem wir uns trafen, an dem ich sein Klagen über seine Einsamkeit in Paris hörte, war mein Auftreten, meine Erscheinung mit meiner Baskenmütze, meinem Schal, meinen tief nach innen schauenden Café-Augen – ganz zu schweigen von dem Schnupftabak, der immer griffbereit zur Hand war – war es für Klaus nicht offensichtlich, dass ich nicht die Person bin, die eine Kanufahrt schätzen würde? Klaus fehlt es an Beobachtungsgabe, um einen anderen Menschen einschätzen und verstehen zu können. Warum sollte ich meine Zeit mit jemandem wie Klaus verschwenden?

Aber ich war so sprachlos, dass ich nur mit einer übertrieben fröhlichen Falsett-Stimme antworten konnte: „Wir sehen uns am Fluss."

Dann legte ich den Hörer auf.

Jetzt wurde mir klar, warum Klaus einsam war in Paris. Ein Mann mit Kanus im Kopf kann nur einsam sein in Paris. Und was ist mit Kanus in Paris? Vielleicht kann ich das später in meiner Enzyklopädie herausfinden. Ich schlage nach unter: Kanu/Paris. Aber jetzt ist mir klar geworden, dass die Freundschaft mit Klaus keine Zukunft hat. Keine Tagebücher! Natürlich gibt es Tagebücher. Klaus hat sie einfach nicht gesehen. Klaus war gedanklich zu beschäftigt mit Kanus. Kein Wunder, dass er dazu verdammt war, einsam in Paris zu sein.

Und obwohl wir nicht in Paris sind, muss ich sagen, „Nein, Klaus. Mein lieber Klaus, es gibt keine Zukunft für uns. Niemals Abendessen mit Dir, Klaus. Niemals ins Theater mir dir, Klaus. Niemals Nachmittage im Café mit Dir, Klaus. Ganz bestimmt niemals mit Dir im Kanu paddeln, einen trägen Flusslauf entlang."

SKY

I used to go about staring at the clouds, learning names of cloud formations. Then a new interest developed, walking about in the moonlight, wanting to discover something particular about the moonlight. Soon after, seeing the stars in the daytime became my objective, and one day I started savoring the different heavenly hues, but my interest in colors faded away and now it's just the sky. Colors don't matter anymore, clouds don't matter, neither the stars nor the moon, sunny days don't matter, and after looking up at the sky, letting time go by while I repeat to myself sky, sky, sky. After that I go walking about, looking like someone who's been asking for help for so long that his pleas have lost all sense of urgency.

IN DEN HIMMEL SCHAUEN

Ich hatte die Gewohnheit herumzulaufen, um die Wolken anzuschauen und lernte die Namen von Wolkenformationen. Dann entwickelte sich ein neues Interesse, im Mondlicht herumzugehen mit der Absicht, etwas Besonderes über das Mondlicht zu entdecken. Bald danach wollte ich die Sterne im Tageslicht sehen, und dann eines Tages begann ich, die verschiedenen Farbschattierungen des Himmels zu genießen. Aber mein Interesse für Farben nahm ab, und jetzt ist es nur der Himmel. Farben spielen keine Rolle mehr, Wolken spielen keine Rolle, weder die Sterne noch der Mond, sonnige Tage spielen keine Rolle. Nachdem ich in den Himmel schaue, die Zeit verstreichen lasse, sage ich wieder und wieder zu mir Himmel, Himmel, Himmel. Dann ziehe ich durch die Straßen und sehe aus wie jemand, der so lange um Hilfe gebeten hat, bis sein Flehen jegliche Dringlichkeit verlor.

UNCLE

My nephew stands at the door. I pretend to be asleep but it's no use. "Uncle," he calls and I feel that identity wrenched out of my tired nerves. I open my eyes and look into his sleepy face, puzzled with questions as he stands before me in his red pajamas. "Tell me again, uncle."

I breathe deeply and ask, "Tell you what?"

"Where you came from?" Once again I explain, whispering in the cathedral of his parents sleep. He listens, checking this information against what he already knows.

"Uncle."

"Yes."

"How come you have no children?"

Again I explain. Now he stands by my suitcase and stares suspiciously into the disarray of clothes. "I bought the suitcase at the second-hand store for a couple of bucks. And that coat hanging on the closet door, I also bought that at the second-hand store."

"For a couple of bucks?" he asks.

"Yes," I reply.

"This is the guest room, right uncle?"

"Yes, it's the guest room."

"Then you're a guest, aren't you uncle?"

"Yes I'm a guest."

"Uncle, I remember the last time you came here. And I remember the time before that. I'm growing up, uncle. Good night. "He goes out and enters his room next door. When I think he is asleep I get up and pack my things. I am walking quietly past his room when the door opens. „Uncle are you leaving?"

„Yes I'm leaving."

He walks behind me and stands at the front door as I step out into the cold night. "Uncle." I turn to face him one last time. "I opened the door when you arrived, remember uncle? It was late. It was just like this except you had arrived and now you're leaving. I took your bag and led you to the guest room, remember uncle?"

„Yes I remember."

ONKEL

Mein Neffe steht an der Tür. Ich tue so als würde ich schlafen, aber es hilft nichts. „Onkel!", ruft er, und ich fühle, wie diese Rolle aus meinen müden Nerven herausgesogen wird. Ich öffne meine Augen und schaue in sein verschlafenes, fragendes Gesicht, als er dort in seinem roten Pyjama vor mir steht.

„Erzähl mir noch einmal, Onkel."

Ich atme tief durch und frage: „Was soll ich dir erzählen?"

„Woher kommst du?"

Noch einmal erkläre ich, flüsternd in der Kathedrale des elterlichen Schlafes. Er hört zu und prüft das, was er hört, mit dem, was er bereits weiß.

„Onkel"

„Ja""

„Wieso hast du keine Kinder?"

Noch mal erkläre ich. Jetzt steht er neben meinem geöffneten Koffer und betrachtet verblüfft die Unordnung darin. „Ich habe den Koffer im Secondhand-Laden für ein paar Dollar gekauft. Und auch diesen Mantel, der an der Schranktür hängt, habe ich im Secondhand-Laden gekauft."

„Für ein paar Dollar?", fragt er.

„Ja", antworte ich.

„Dieses Zimmer ist das Gästezimmer, richtig, Onkel?"

„Ja, dies ist das Gästezimmer.""

„Dann bist du ein Gast, richtig, Onkel?"

„Ja, ich bin ein Gast."

„Onkel, ich erinnere mich an das letzte Mal, als du zu uns gekommen bist. Und ich erinnere mich an die Zeit davor. Ich werde immer größer, Onkel. Gute Nacht." Er geht hinaus und geht in sein Zimmer. Als ich vermute, dass er schläft, stehe ich auf und packe meine Sachen. Ich gehe leise an seinem Zimmer vorbei, da öffnet sich seine Tür. „Onkel, gehst du?"

„Ja, ich gehe."

Er geht hinter mir her und steht an der Haustür, während ich in die kalte Nacht hinaustrete. „Onkel." Ich drehe mich ein letztes Mal zu ihm um. „Ich habe dir die Tür geöffnet als du ankamst, erinnerst du dich, Onkel? Es war spät. Es war genauso wie jetzt, nur dass du damals angekommen bist und dass du jetzt gehst. Ich nahm deine Tasche und führte dich in das Gästezimmer, erinnerst du dich, Onkel?"

„Ja, ich erinnere mich."

GORILLAS

I get up and go for breakfast.

"It's windy today," the waiter remarks as he hands me the menu.

"I haven't noticed the wind," I reply, sitting at my usual table.

"It's windy," he says. "That's why I am wearing my gorilla uniform."

"You always wear your gorilla uniform," I reply.

"That's because it's always windy," he answers.

"I have lived here all my life and I have never noticed the wind," I insist.

"I can see that I am getting nowhere with you," the waiter replies. "Will you have the usual?"

"Yes, the usual," I say.

B. enters and sits at my table. "Thank God for these gorilla uniforms on such windy days," B. says. "They help you stay close to the ground. The hands are bigger so you can really hold on, and of course the feet are solid, faster and better balanced. So you move right along. You get the job done. I must be off now."

"But you haven't had your breakfast," I call after him.

"Too windy for breakfast," he shouts as he goes out on all fours.

"Too windy for breakfast, too windy this morning," the waiter chants, leaping about, cleaning off tables, sweeping the floor, setting the tables, clearing them off again.

I step out onto the street. C. goes by in his gorilla uniform. "Windy this morning," he tosses off, greeting me.

"Excuse me," I say, taking hold of his shoulder and bending over to look into his eyes focused on the ground in front of him as he leaps along. "But where is this wind that everyone is talking about? Not a flag moves. Not a chill in the air. Not a single flutter of a breeze disturbs the hair on my head. Stand still for a moment. Nothing urges us on."

"Too windy, too windy this morning," C. replies, hopping around me, howling as he cuts himself on a piece of broken glass.

GORILLAS

Ich stehe auf und gehe raus zum Frühstücken.
„Es ist windig heute", sagt der Kellner, als er mir die Speisekarte überreicht.
„Ich habe den Wind nicht bemerkt", antworte ich und setze mich an meinen gewohnten Tisch.
„Es ist windig", sagt er. „Deshalb trage ich meine Gorilla Uniform."
„Du trägst immer deine Gorilla Uniform", antworte ich.
„Das tue ich, weil es immer windig ist", antwortet er.
„Ich habe hier mein ganzes Leben gelebt und habe den Wind nie bemerkt", sage ich.
„Ich sehe, dass unser Gespräch nirgendwo hinführt", antwortet der Kellner. „Bestellst du wie immer?"
„Ja, wie immer", sage ich.
B. tritt ein und setzt sich an meinen Tisch. „Gott sei Dank, dass es an solchen windigen Tagen die Gorilla Uniformen gibt", sagt B.. „Sie helfen uns, nahe am Boden zu bleiben, die Hände sind größer, damit du dich wirklich festhalten kannst, und natürlich sind die Füße fester, schneller und besser ausbalanciert. Also kommst du gut voran. Du erledigst deinen Job. Ich muss jetzt gehen."
„Aber du hast noch nicht gefrühstückt", rufe ich ihm nach.
„Zu windig zum Frühstücken", ruft er und geht auf allen Vieren hinaus.
„Zu windig zum Frühstücken, zu windig heute morgen", singt der Kellner, springt herum, räumt die Tische ab, fegt den Boden, deckt die Tische und räumt sie wieder ab.
Ich gehe hinaus auf die Straße. C. geht an mir vorbei in seiner Gorilla Uniform. „Windig heute Morgen", ruft er mir grüßend zu.
„Entschuldigung", sage ich, während ich seine Schulter festhalte und mich nach vorn beuge, um in seine Augen zu gucken, die direkt auf den Boden vor ihm gerichtet sind. Er macht sich gerade bereit, fortzuspringen. „Aber wo ist dieser Wind, über den alle reden? Keine Fahne bewegt sich, nicht mal ein kühler Luftzug. Kein einziger Windhauch bewegt die Haare auf meinem Kopf. Steh doch mal für einen Moment still. Nichts treibt uns an."
„Zu windig, zu windig heute Morgen", antwortet C. und hüpft um mich herum, heulend, als er sich am Fuß schneidet an einer Glasscherbe.

THE BOULDER

A boulder collides with my house, rolling right up to the front door, the loud crash and shaking of my domicile occurring just as I settle into bed. I'm sure the house will collapse and rushing to escape I encounter the boulder, big and round enough to block the use of the front entrance so I have to go out the back in order to get a better view of the situation.

A neighbor shouts out, asking about the commotion and upon hearing my first-hand report he surmises that the boulder must have rolled down the hillside.

"What hillside?" I ask.

"How should I know what hillside," he replies petulantly and returns to his nightly sleep.

Then my other neighbor takes his turn to demand an explanation.

"Damned nuisance," he remarks upon being informed, and requests that I please keep the noise to a minimum.

Looking closely at the boulder, substantiating that it is indeed as it appears, a big gray boulder, I inspect the destruction done to my house, mainly the demolished stairs and damage to the door. I decide to try and move the boulder, shoving as hard as possible but the boulder doesn't budge.

The excitement has caused me to be wide awake so I position myself, hands and shoulder up against the boulder, my full weight and strength well-stationed for maximum results and give it everything I have until I'm covered with sweat and my muscles ache. Breathing hard, my body weak from the exertion, I clamber up onto the boulder and do my best to achieve a restful pose which allows me a respite from my immediate concerns.

Such a brief training session with the boulder should not have exhausted me. I need to get in better shape. Vowing to workout with the boulder again in the morning, I turn in once again for the night.

Early the next morning, dressed in my shorts, sweatshirt, sneakers, I do a few calisthenics before I begin my exercise with the boulder. Straining against the boulder, legs pumping rhythmically, I take deep abdominal breaths, regulating my force, alternating intervals of ease with intervals of intense strain, a good regimen for getting in shape.

As I do my drill with the boulder, my neighbor offers shouts of encouragement, urging me to keep it up. "You'll get it, you'll get it."

I explain that I don't expect to be able to move the boulder, that I'm only taking advantage of the boulder's unexpected appearance as a means of get-

FELSBROCKEN

Ein Felsbrocken kollidiert mit meinem Haus und rollt bis vor die Haustür. Das laute Krachen und Schütteln setzt ein, als ich es mir im Bett bequem mache. Ich bin mir sicher, dass das Haus einstürzen wird, und als ich aus dem Haus flüchte, begegne ich dem Felsbrocken, groß und rund genug, um den vorderen Eingang zu blockieren. Also muss ich nach hinten gehen und bekomme so einen besseren Überblick über die entstandene Situation.

Ein Nachbar brüllt, fragt nach dem Grund des Tumults, und als er meinen Bericht aus erster Hand hört, vermutet er, dass der Felsbrocken den Hang hinuntergerollt sein muss.

„Welcher Hang?", frage ich.

„Woher soll ich wissen, von welchem Hang?", antwortet er gereizt und kehrt zu seinem nächtlichen Schlaf zurück.

Dann ist mein anderer Nachbar an der Reihe, eine Erklärung zu verlangen.

„Verdammtes Ärgernis", bemerkt er, nachdem er informiert wurde und bittet darum, den Lärm möglichst gering zu halten.

Als ich den Felsbrocken genauer betrachte, bestätigt sich, dass er genauso ist, wie er aussieht, ein großer grauer Felsbrocken. Ich inspiziere die Zerstörung meines Hauses, vor allem die zerstörte Treppe und die Schäden an der Tür.

Ich entscheide mich für den Versuch, den Felsbrocken zu bewegen und schiebe ihn mit all meiner Kraft, aber der Felsbrocken rührt sich nicht.

Die Aufregung hat mich hellwach gemacht, so positioniere ich mich, Hände und Schultern gegen den Felsbrocken, mein volles Gewicht und meine Kraft gut eingesetzt für maximale Ergebnisse, und gebe alles was ich habe, bis ich mit Schweiß bedeckt bin und meine Muskeln schmerzen. Schwer atmend, mein Körper geschwächt von der Anstrengung, klettere ich auf den Felsblock und tue mein Bestes, um eine erholsame Position einzunehmen, die mir eine Atempause von meinen unmittelbaren Sorgen ermöglicht. Solch eine kurze Trainingseinheit mit dem Felsbrocken sollte mich nicht so sehr erschöpft haben. Ich muss mich besser in Form bringen. Ich verspreche mir, am nächsten Morgen wieder mit dem Felsbrocken zu trainieren und kehre zurück für die Nacht.

Früh am nächsten Morgen, gekleidet in kurzen Hosen, Sweatshirt und Turnschuhen, vollziehe ich ein paar Gymnastikübungen, bevor ich mich mit dem Felsbrocken beschäftige. Ich stemme mich gegen den Felsbrocken, rhythmisch abfedernd mit den Beinen, atme tief in den Bauch, reguliere

ting in shape, but in no way do I delude myself into believing that I will one day single-handedly roll the boulder away from my front door.

My neighbor assures me that I underestimate myself. He has been watching my morning routine and he can honestly say that I have what it takes, a dynamic style coupled with determination, and with regular practice I will one day succeed all on my own in rolling the boulder away from my front door.

My other neighbor chimes in, saying he agrees wholeheartedly for he too has witnessed my performance and my prowess convinces him that with enough discipline I will certainly succeed.

I thank them for their neighborly solicitude and, reentering my dwelling through the back door, get dressed for another day at the office.

When I come home from work, as I approach my house, I see a few boys sitting on the boulder, who run when they see me. They have painted obscenities all over my boulder. Enraged, I take off in hot pursuit of the hooligans, but to no avail, forced to stop in my tracks after a few swift strides, my legs aching from my morning training with the boulder.

I fetch a wire-brush and some detergent, turn on the hose, scrub vigorously. No luck. The boys used spray paint that has already soaked into the surface. Disheartened, I nonetheless change into my sweat-shirt and shorts and get going with my routine, hoping that my physical engagement with the boulder will lift my spirits, take my mind off the vandalism, but the graffiti painted in bright red **cannot** but serve to distract me: Fuck You Boulder, A Boulder For A Nobody, etc, etc.

My neighbor calls out to voice his concern, the conviction and effort he witnessed in my morning workout now sadly lacking. My other neighbor joins in saying, "I've only caught the last few minutes of your performance but really old boy you've fallen off, your excellence has certainly declined."

In the encroaching darkness the graffiti eludes my neighbors' attention but after I bring them up-to-date regarding the obscenities painted on my boulder they express their dismay at the act of vandalism, persuading me not to take the matter too much to heart.

One neighbor suggests that I paint over the graffiti but the other neighbor points out that the troublemakers are sure to return, only to once again scrawl their vile remarks on the freshly painted boulder. He says I should purchase a watchdog and chain the dog close enough to the boulder to protect it from trespassers. Yes, first a vicious watchdog and then paint out the insults.

We discuss the color that I should choose, a red or yellow, or a dark green, perhaps? My neighbors find a gray or a brown more appropriate, more natural for a boulder.

meine Kraft, Intervalle der Leichtigkeit wechseln ab mit Intervallen intensiver Anstrengung. Ein guter Trainingsablauf, um in Form zu kommen.

Während ich mit dem Felsbrocken exerziere, ermutigt mich mein Nachbar durch laute Zurufe, fordert mich auf, weiterzumachen. „Sie schaffen es, Sie schaffen es." Ich erkläre, dass ich nicht erwarte, den Felsbrocken bewegen zu können, dass ich nur die unerwartete Erscheinung des Felsbrockens ausnutze, um in Form zu kommen, aber in keiner Weise täusche ich mich zu glauben, dass ich eines Tages im Alleingang den Felsbrocken von meiner Haustür wegrollen werde.

Mein Nachbar versichert mir, dass ich mich selbst unterschätze. Er hat meine morgendliche Routine beobachtet und kann ehrlich sagen, dass ich das Zeug dazu habe, den dynamischen Stil, gepaart mit Entschlossenheit und dem regelmäßigen Training, eines Tages allein erfolgreich den Felsbrocken von meiner Haustür wegzurollen.

Mein anderer Nachbar schaltet sich ein und stimmt zu, auch er sei voll und ganz von meiner Leistung und meinem Können überzeugt und kann versichern, dass ich mit genügend Disziplin Erfolg haben werde.

Ich danke ihnen für ihre nachbarschaftliche Fürsorge, gehe zurück in mein Haus durch die Hintertür, um mich für einen weiteren Arbeitstag im Büro anzuziehen.

Als ich von der Arbeit nach Hause komme, näher auf das Haus zugehe, sehe ich einige Jungs auf dem Felsbrocken sitzen. Sie laufen sofort weg, sobald sie mich sehen. Sie haben Obszönitäten überall auf meinen Felsbrocken gemalt. Wutentbrannt renne ich den Hooligans hinterher, aber ohne Erfolg, gezwungen, nach ein paar schnellen Schritten aufzugeben. Meine Beine schmerzen von meinem Morgentraining mit dem Felsbrocken.

Ich hole eine Drahtbürste und etwas Spülmittel, schalte den Wasserschlauch ein und schrubbe kräftig. Kein Glück. Die Jungs benutzten Sprühfarbe, die bereits in die Oberfläche eingedrungen ist. Erfolglos gehe ich ins Haus, ziehe mein Sweatshirt und Shorts an, komme zurück zu meinem Felsbrocken und setze meine Routine fort, in der Hoffnung, dass meine physische Auseinandersetzung mit dem Felsbrocken meine Stimmung heben und mich von dem Vandalismus ablenken wird. Aber die grellroten Graffiti können nur dazu dienen, mich abzulenken: Fuck You Boulder, ein Boulder für ein Niemand, für ein Nichts usw. usw.

Mein Nachbar ruft, äußert seine Besorgnis, dass die Überzeugung und Anstrengung, die er in meinem morgendlichen Training erlebt hat, jetzt leider fehlen. Mein anderer Nachbar stimmt zu. Er sagt, „Ich habe nur die letzten

I thank them both for their advice, and begin my exercise session with the boulder, my neighbors cheering me on, generous in their admiration of my style and persistence.

paar Minuten Ihrer Performance mitbekommen, aber wirklich, old boy, Sie haben nachgelassen. Ihre vorzüglichen Fähigkeiten sind gewiss reduziert."

In der hereinbrechenden Dunkelheit entgeht das Graffiti der Aufmerksamkeit meiner Nachbarn. Dann bringe ich sie auf den neuesten Stand, erzähle von den Obszönitäten, die auf meinen Felsbrocken gemalt sind. Sie äußern ihre Bestürzung über den Akt des Vandalismus und überzeugen mich, die Sache nicht zu ernst zu nehmen.

Ein Nachbar schlägt vor, dass ich die Graffiti übermale. Der andere Nachbar weist darauf hin, dass die Unruhestifter sicherlich zurückkehren werden, um ihre abscheulichen Bemerkungen auf dem frisch bemalten Felsbrocken wieder hinzukritzeln. Er sagt, ich sollte einen Wachhund kaufen und den Hund nahe genug an den Felsbrocken anketten, um ihn vor Eindringlingen zu schützen. Ja, erst ein bösartiger Wachhund und dann die Beleidigungen übermalen.

Wir diskutieren über die Farbe, die ich wählen sollte, vielleicht ein Rot oder Gelb oder ein Dunkelgrün? Meine Nachbarn finden ein Grau oder Braun passender, natürlicher für einen Felsbrocken.

Ich danke ihnen beiden für ihre Ratschläge und beginne meine Trainingseinheit mit dem Felsbrocken, während meine Nachbarn mir zujubeln und mich antreiben mit großzügiger Bewunderung für meinen Stil und meine Beharrlichkeit.

SUNSET

Experts on the watching of sunsets enjoy participating in this activity either alone or with others of equal caliber.
What! You've never learned to watch a sunset?
No, but I can watch a silhouette.
Please take me by the hand and teach me the art of sunset watching.
Let's practice some more with imagined sunsets in the privacy of my room.
No, but I can watch a black candle with a black flame.
A sunset is reasonably complete in itself except for the service of memory.
You're doing it wrong. You don't see what I see. You're too anxious, like the sunset is a horse or something.
This sunset and I have long ago given up belief in evolution.
Could a sunset be full of subtle grief?
Is there no real intelligence without a sunset to look forward to?
Seems to me that you're trying to eat your sunset and have it too.
Surely this sunset has happened before for eternity is fresh out of what's original.
A sunset on a cloudy day is a matter of opinion.
If you're standing up you don't have a lap but if you sit right down next to me I can put my head in your lap and wait for the sun to set.
Take me, Sunset. Do it, Sunset! Take root, Sunset. Take root.
Has anyone in the room witnessed yesterday's sunset?

SONNENUNTERGANG

Experten für das Anschauen von Sonnenuntergängen genießen die Teilnahme an dieser Aktivität, entweder allein oder mit anderen gleichwertigen Kalibern.
Was! Du hast nie gelernt, einen Sonnenuntergang anzuschauen?
Nein, aber ich kann eine Silhouette anschauen.
Bitte nimm mich an die Hand, und bring mir die Kunst bei, einen Sonnenuntergang anzuschauen.
Lass uns imaginäre Sonnenuntergänge in der Privatsphäre meiner Wohnung proben.
Nein, aber ich kann eine schwarze Kerze mit einer schwarzen Flamme anschauen.
Ein Sonnenuntergang ist in sich ziemlich vollständig, es sei denn der Sonnenuntergang dient der Erinnerung.
Du machst es falsch. Du siehst nicht, was ich sehe. Du bist zu eifrig, als wäre der Sonnenuntergang ein Pferd oder so etwas.
Der Sonnenuntergang und ich haben den Glauben an die Evolution längst aufgegeben.
Könnte ein Sonnenuntergang voller subtiler Trauer sein?
Gibt es keine wirkliche Intelligenz ohne einen Sonnenuntergang, auf den man sich freuen kann?
Es scheint mir, dass du deinen Sonnenuntergang verschlingen und zugleich festhalten willst.
Sicher, dieser Sonnenuntergang ist schon geschehen, denn in der Ewigkeit gibt es kein Original mehr.
Ein Sonnenuntergang an einem bewölkten Tag zu sehen, ist Ansichtssache.
Wenn du aufstehst, hast du keinen Schoß, aber wenn du direkt neben mir sitzt, kann ich meinen Kopf in deinen Schoß legen und darauf warten, dass die Sonne untergeht.
Nimm mich, Sonnenuntergang! Mach es, Sonnenuntergang! Dringe ein, Sonnenuntergang! Dringe ein!
War hier irgend jemand gestern Zeuge des Sonnenuntergangs?

LAST DANCE

Big band music from the thirties is being piped in at the home where my mother lives, nimble piano and elegant orchestration while I walk down the corridor to my mother's room. Fred Astaire comes on, singing 'Dancing in the Dark' just as one of the pretty nurses appears who I greet with a few bars of song.

She responds by opening her arms in a shall-we-dance gesture and right away I'm leading her in a few whirling steps only to be caught in the act by one of the ghostly, frail, gray-haired residents coming out of her room, barely managing to move along with her walker, exclaiming, "Fred Astaire and Ginger Rogers, Fred Astaire and Ginger Rogers." Her shrill excitement vibrates through the ward, my dancing cohort skipping off to tend to her other duties.

The old ladies, dolled up in bright dresses and hairdos prim and perfect, emerge as if from thin air where they have been waiting out their memory loss, delicate, quivering, wide eyed with their wheelchairs, walkers, canes, calling out stridently, anxious to get it exactly right, "Fred and Ginger? Fred and Ginger?"

But Ginger, already gone down the long corridor, being nowhere in sight, the dazzled audience settle on Fred. My mother, shuffling lightly through the flock, her skeletal frame a mere emanation from some source beyond her, eyes freshly alert, her words clear and well-reasoned, utters, "It's my son the dancer home from college for the weekend."

A piercing tone interjects, "His college days are long past. Even I can see that," the speaker of truth a grand dame rocking back and forth in her wheelchair, her blazing eyes darting all around.

"Dance son, dance!" my mother commands in a sparkling voice.

Right on cue, my partner comes down the corridor, glimmering in her white uniform, and from the loudspeaker Fred's casting his spell with the yearning tones of 'Let's Face the Music and Dance.'

The nurse and I are once more Fred and Ginger, deftly cavorting, her saying in her best, wry Ginger Rogers imitation, "Heck of a place for a girl to be swept off her feet."

Then chirping, derisive words of clarity catch my ears, "He might be Fred but she's no Ginger because we know her."

Still our dance routine continues until yet another observation stops us right in mid-step. "He doesn't have the right shoes. He doesn't even have the right shoes."

DER LETZTE TANZ

Big-Band-Music aus den dreißiger Jahren durchströmt das Heim, in dem meine Muter lebt, mit flinkem Piano Spiel und eleganter Orchestrierung, während ich den Korridor entlang gehe, auf dem Weg zum Raum meiner Mutter. Fred Astaire singt ‚Dancing in the Dark', als gerade eine der attraktiven Krankenschwestern erscheint, die ich mit einigen lyrischen Worten der Musik begrüße.

Sie reagiert, indem sie ihre Arme in einer einladenden Tanzgeste öffnet, und ich führe sie sofort in ein paar wirbelnden Schritten, bis wir ertappt werden von einer der geisterhaften, gebrechlichen, grauhaarigen Bewohnerinnen, die aus ihrem Raum im Flur erscheint, kaum in der Lage, sich mit ihrem Rollator vorwärts zu bewegen, und ausruft: „Fred Astaire und Ginger Rogers, Fred Astaire und Ginger Rogers." Ihre schrille Stimme vibriert durch die Station. Meine tanzende Partnerin lacht und tanzt auf dem Korridor davon, um ihre Aufgaben zu erfüllen.

Die alten Damen, rausgeputzt in farbenfrohen Kleidern und liebreizenden Frisuren, tauchen auf wie aus dem Nichts, wo sie geduldig ihren Gedächtnisverlust ausleben, zart, zitternd, mit weit geöffneten Augen, in Rollstühlen, mit Gehstützen und Spazierstöcken unterwegs, bemüht, es genau richtig auszusprechen „Fred und Ginger? Fred und Ginger?"

Aber da Ginger nicht mehr auf dem langen Korridor zu sehen ist, gehen die angeregten Zuschauer jetzt auf Fred los. Meine Mutter schlurft leichtfüßig durch die Versammlung der Frauen, ihr fragiler Körper ist wie eine Erscheinung einer Quelle jenseits von ihr, ihre Augen wach und lebendig, ihre Worte klar und verständlich, „Es ist mein Sohn, der Tänzer, der für das Wochenende vom College nach Hause kommt."

Ein scharfer Ton unterbricht ihre Stimme: „Seine Studientage sind längst vorbei. Sogar ich kann das sehen." Die Sprecherin der Wahrheit, eine Grande Dame, die auf ihrem Rollstuhl hin und her schaukelt, ihre glühenden Augen werfen Blicke in alle Richtungen.

„Tanz, mein Sohn, tanze!", befiehlt meine Mutter mit funkelnder Stimme.

Genau in diesem Moment kommt meine Partnerin den Korridor herunter, glänzend in ihrer weißen Uniform. Aus dem Lautsprecher wirft Freds sehnsuchtsvolle Stimme einen Zauberspruch über den Korridor mit dem Lied ‚Let's Face the Music and Dance'.

Die Krankenschwester und ich sind wieder Fred und Ginger. Geschickt bewegen wir uns auf der Tanzbühne des Korridors und in ihrer besten,

The frolicing Florence Nightingale has to be moving along anyway, which she does with a gracious bow, and my mother, beaming at me, her face more halo than anything else, extends her pale, silken hand, saying, "Take my diamond ring. Buy yourself the right shoes. Make something of yourself. Come back for another dance when everything's just right."

trockenen Ginger Rogers Nachahmung, spricht meine Partnerin, „Welch ungewöhnlicher Platz für ein Mädel, in den Siebten Himmel gehoben zu werden."

Dann plötzlich Worte, die mein Ohr auffängt: „Er könnte Fred sein, aber sie ist nicht Ginger, weil wir sie kennen."

Doch unser Tanz geht weiter, bis uns eine andere weise Bemerkung mitten im Tanzschritt stoppt, „Er hat nicht die richtigen Schuhe. Er hat sogar nicht einmal die richtigen Schuhe."

Die tanzende Florence Nightingale muss sich wieder von mir fortbewegen, was sie mit einer liebenswürdigen Verbeugung tut, und meine Mutter, die mich anstrahlt, ihr Gesicht mehr Heiligenschein als alles andere, streckt ihre verblassende, seidene Hand aus nach mir und sagt, „Nimm meinen Diamantring. Kaufe Dir die richtigen Schuhe. Mach was aus Dir. Komm zurück zum Tanzen, wenn alles ganz genau stimmt."

DON'T DIE

We've had an intimate Sunday and now, ready for sleep, she speaks in a tender, distracted voice, saying, "Please don't die. I can't imagine being in this world without you at my side. Promise me that you won't die before I do." When she's in such a sentimental mood it's best when I pour on the emotion.

"My eyes will be the last eyes you look into before you leave this world, my voice the last voice bidding you farewell. I'll be there to get into bed with you when you're dying, to hold you as I'm now holding you so that you can die in my arms."

She's fast asleep but sleep doesn't come as quickly for me. Lulled by her steady breathing, I'm thinking about myself being dead and gone and about her still being alive, lying here much like she is now but without me next to her.

Perhaps she will be unable to sleep and she'll imagine that I'm in bed with her, holding her, speaking words already spoken when I was alive.

I get up and go into the living room and light a candle. I imagine that I had managed to keep my promise not to die before she did, that she's dead and gone and I'm sitting here watching the flame on the candle, remembering how it used to be with us when she was alive, hoping that her ghost will appear to keep me company in the here and now.

She does appear, still here in the flesh, coming out of the bedroom, saying, "I like so much seeing you sitting up late by candlelight, deep in philosophical reflection no doubt."

She sits close to me and we stare at the flame. It's all so quiet and other-worldly just like we're shades of our former selves meeting in the hereafter.

STERBE NICHT

Nach einem intimen Sonntag, jetzt bereit zu schlafen, spricht sie mit zarter, etwas abwesender Stimme: „Bitte sterbe nicht. Ich kann mir nicht vorstellen, ohne dich an meiner Seite auf dieser Welt zu sein. Versprich mir, dass du nicht stirbst, bevor ich sterbe." Wenn sie sich in einer solch sentimentalen Stimmung befindet, ist es am besten, mich auf ihre Gefühle einzulassen.

„Meine Augen werden die letzten Augen sein, in die du schaust, bevor du diese Welt verlässt, meine Stimme die letzte Stimme, die dir Adieu sagt. Ich werde da sein, mich neben dich legen, wenn du stirbst, um dich zu halten, so wie ich dich jetzt halte, damit du in meinen Armen sterben kannst."

Sie schläft tief und fest, aber der Schlaf kommt für mich nicht so schnell. Beruhigt von ihrem gleichmäßigen Atem denke ich darüber nach, dass ich tot und fort bin und dass sie noch am Leben ist, so wie sie jetzt daliegt, aber ohne mich neben ihr.

Vielleicht wird sie nicht schlafen können und sie wird sich vorstellen, dass ich neben ihr liege, sie halte und Worte spreche, die ich schon gesprochen habe, als ich noch lebte.

Ich stehe auf und gehe ins Wohnzimmer und zünde eine Kerze an. Ich stelle mir vor, es geschafft zu haben, mein Versprechen zu halten, nicht zu sterben bevor sie stirbt, dass sie tot und fort ist und ich hier sitze und das Kerzenlicht anschaue und mich daran erinnere, wie es war mit uns, als sie noch am Leben war, in der Hoffnung, dass ihr Geist erscheinen wird, um mir Gesellschaft im Hier und Jetzt zu leisten.

Da erscheint sie, immer noch hier leiblich anwesend, kommt aus dem Schlafzimmer und sagt: „Ich mag so sehr, dich spät bei Kerzenlicht sitzen zu sehen, sicherlich tief in philosophischen Gedanken versunken."

Sie sitzt dicht neben mir und wir schauen auf die Flamme der Kerze. Es ist alles so still und jenseitig, als wären wir Schatten unseres früheren Selbst, das sich im Jenseits trifft.

IRONING

School's out for the summer and I walk the streets looking for a job. There's a help wanted sign, a sheet of white paper scotch-taped to the inside of the show window, 'help wanted' scrawled in red lipstick. Stepping into the store, I see the big, lopsided cardboard boxes, bursting at the seams, spilling out their contents of colorful clothing, off to the side the clothing racks with the wire hangers, and in an alcove, the ironing board.

A voice startles me, a loud woman's voice striking my ear with such unfamiliar force that I trip over one of the boxes. When I regain my balance, the woman is standing right in front of me. Tall and voluptuous with dishevelled black hair, miraculously the skimpy, dazzling dress manages to cling to her for the sheer vitality of her flesh is intent on doing its best to discard the clothing.

The design on the dress consists of a jungle scene, a fierce bright yellow tigress with glaring black stripes facing off with an equally ferocious lion done in equally glaring colors, along with lush green foliage, and majestic birds of various plumage. She has a heavy accent, and though I can't sort out all the words being fired away at me, the force of her voice, along with her gestures, convey her meaning.

The job is mine for the asking, and in one dynamic stride she tears the sign out of the window. What I have to do, I have to iron, iron dresses, place each dress on a hanger, then the hanger on the rack. The job must be accomplished with speed and efficiency because the sale begins tomorrow and women will be rushing in to get their hands on these exciting dresses at a bargain price. Her perfume must have been distilled from jungle flowers, a fragrance that intoxicates me.

She grasps my arm and leads me to the ironing board, directs me to plug in the iron, and while we wait for the iron to heat up she explains every step of the process.

A few men arrive, electricians and other workers, and she leaves me with the understanding that I will have to buy any dress that I burn. I get to work, the hot iron smoothening out the wrinkles in the soft, flimsy material. I hang the dress on a wire hanger and place the hanger on the clothing rack, the first dress, hot like the heat I feel from Sophia. I admire my success until I hear a shout that clearly means I should stop wasting time. The iron brings to life the jungle scene on the material, and all the while I hear Sophia's commanding voice as she strides about, gesturing extravagantly, directing the workmen. Already sweating, immersed in the sweltering world of the jungle, I can hear the lion's roar, the shriek of the birds.

BÜGELN

Die Sommer-Schulferien beginnen, und ich gehe durch die Straßen auf der Suche nach einem Job. Ich sehe ein Job-Angebot, ein weißes Blatt Papier, auf der Innenseite eines Schaufensters angeklebt, ‚Hilfskräfte gesucht', mit rotem Lippenstift geschrieben. Als ich den Laden betrete, sehe ich große, schiefe, ineinander verschachtelte, aus allen Nähten platzende Kartons, aus denen bunte Kleiderstoffe herausquellen. An der Seite stehen Kleiderstangen mit Drahtbügeln und in einer Nische ein Bügelbrett.

Eine Stimme überrascht mich, eine laute Frauenstimme, die mein Ohr mit einer so ungewohnten Wucht trifft, dass ich über einen der Kartons stolpere. Als ich mein Gleichgewicht wiedergewinne, steht die Frau direkt vor mir, groß, mit üppiger Figur, zerzausten schwarzen Haaren. Das knapp genähte, schillernde Kleid schafft es auf wundersame Weise, sich an ihren Körper anzuschmiegen, denn die pure Vitalität ihres Körpers ist bestrebt, alles zu tun, um die Kleidung abzuwerfen.

Das Muster auf dem Kleid zeigt eine Dschungelszene, einen grell leuchtenden gelben Tiger mit glühenden schwarzen Streifen, der mit einem gleichermaßen wilden Löwen in ebenso grellen Farben Auge in Auge steht, inmitten üppigen grünem Laub und majestätischen Vögeln, geschmückt mit unterschiedlichem Gefieder. Die Frau spricht mit einem starken Akzent, und obwohl ich nicht alle Wörter verstehen kann, die auf mich abgefeuert werden, vermittelt die Kraft ihrer Stimme deren Bedeutung im Einklang mit ihren Gesten.

Ich kann den Job haben, wenn ich will und mit einem entschiedenen Schritt reißt die Frau das Schild aus dem Fenster. Was ich zu tun habe ist, zu bügeln, Kleider zu bügeln, jedes Kleid auf einen Bügel, dann den Kleiderbügel auf das Regal zu hängen. Der Job muss schnell und perfekt erledigt werden, denn der Verkauf beginnt morgen, und die Frauen werden sich in Eile auf den Weg machen, um diese aufregenden Kleider zu einem günstigen Preis in die Hände zu bekommen. Das Parfüm der Frau muss aus Dschungelblumen destilliert sein, ein Duft, der mich berauscht.

Die Frau greift nach meinem Arm und führt mich zum Bügelbrett, befiehlt mir, das Bügeleisen anzuschließen, und während wir darauf warten, dass sich das Bügeleisen aufheizt, erklärt sie mir jeden Schritt des nun folgenden Prozesses.

Ein paar Männer kommen, Elektriker und andere Arbeiter, und sie überlässt mich meiner Arbeit mit der klaren Ansage, dass ich alle Kleider, die ich

The next morning I'm back on the job bright and early. Soon I have enough dresses ready for the opening, with an endless supply of more dresses still waiting to be ironed, and as soon as the shop opens the women charge in. Busily ironing off to the side in the alcove, doing my darnedest to keep the racks filled, still I manage to have a good look at the women in various stages of dressing and undressing as they go in and come out of the dressing room, a multitude of women. Some of them observe me slyly observing them, but in all the commotion it hardly matters, the store a hubbub of giggling and posing in front of the mirrors, a symphony of discussions and exchange of opinions, with the occasional humorous comment about the guy in the corner at the ironing board. Sophia's voice thunders, bargaining, complimenting, joking, while the dresses keep selling. The happier Sophia gets the louder she becomes, with all the women caught up in her enthusiasm, and the dresses sold make room for more and I keep on ironing and filling the racks.

A woman having particular difficulty making up her mind catches Sophia's attention, and Sophia, her repertoire of persuasion finally exhausted, tells the woman to ask the expert. It takes me a moment to grasp that she means me to be the expert. Sophia guides the woman in my direction and the woman steps up to my ironing board. She looks fragile, vanishing in the untamed, ravishing scenery provided by the dress in question and all the other dresses on all the other women trying on dresses and more dresses around her.

My eyes, already overwhelmed by the constant viewing of the lurid designs, now focus on the woman waiting for my expert opinion and on Sophia next to her, while a mass of women turn toward me, all of them carrying the brilliant savagery on their bodies, the lions and tigers leaping out, the array of birds in flight, the enticing vines, the women suddenly standing still, holding their breath, waiting for my judgement, all of us under Sophia's spell who proclaims once again that the expert will decide.

Sophia asks dramatically, gesturing with passion, is this the right dress for this lovely woman? I look at the thin, nervous woman, contemplating her, the design, the cut of the dress. I say, no, this dress does not suit her. I point to another dress. She should try on that dress. Subtle differences exist between the two dresses, a variation in the pose of the lordly beasts, in the plumage of the birds, in the cut of the neckline and the sleeves, a shift in color tone. The woman simply takes off the dress and puts on the one I pointed to.

Silence and stillness reign as the women wait for my pronouncement. That's it, that dress is the right one! My voice develops a stentorian reliable quality. The women burst into applause. And the ceremony begins, me at the

verbrenne, kaufen muss. Ich mache mich ans Werk, das heiße Bügeleisen glättet die Falten des weichen, dünnen Stoffes. Ich hänge das Kleid an einen Drahtbügel und den Bügel auf den Kleiderständer. Das erste Kleid, heiß wie die Hitze, die ich von Sophia fühle. Ich bewundere mein Werk, bis ich eine laute Stimme höre, die deutlich zu verstehen gibt, dass ich aufhören soll, Zeit zu verschwenden. Das Bügeleisen lässt die Dschungelszene lebendig werden. Die ganze Zeit höre ich Sophias kommandierende Stimme, während sie extravagant gestikulierend umher spaziert und den Männern befielt zu arbeiten. Schwitzend, eingetaucht in die tropische Welt des Dschungels, höre ich die Löwen brüllen und die Vögel kreischen.

Früh am nächsten Morgen bin ich wieder frisch und munter bei meinem Job. Rechtzeitig zur Eröffnung des Ladens habe ich genügend gebügelte Kleider parat, sowie einen endlosen Vorrat an weiteren Kleidern, die noch darauf warten, gebügelt zu werden. Sobald der Laden geöffnet ist, stürmen Frauen herein. Ich bin eifrig damit beschäftigt, in meiner Nische zu bügeln, um die Regale mit weiteren Kleidern aufzufüllen. Trotz der intensiven Arbeit gelingt es mir, die Frauen in den verschiedenen Stadien des An- und Ausziehens zu betrachten, wie sie rein- und rausgehen aus der Umkleidekabine, eine Vielzahl von Frauen. Einige von ihnen bemerken, wie ich sie heimlich beobachte, aber bei all der Aufregung spielt es kaum eine Rolle. Der Laden ist voll von kichernden und vor dem Spiegel posierenden Frauen, eine Symphonie aus Diskussionen und Meinungsaustausch, mit gelegentlich humorvollen Bemerkungen über den Typ in der Ecke am Bügelbrett. Sophias Stimme poltert, verhandelt, macht Komplimente, macht Scherze, während mehr und mehr Kleider verkauft werden. Je glücklicher Sophia, desto lauter wird sie mit all den Frauen, die in ihrem Enthusiasmus verstrickt sind. Die verkauften Kleider machen Platz für mehr und ich bügele weiter und fülle die Regale.

Eine Frau, die besondere Schwierigkeiten hat, sich zu entscheiden, gewinnt Sophias Aufmerksamkeit, und Sophia, deren Repertoire an Überredungskunst schließlich erschöpft ist, sagt der Frau, sie solle den Experten fragen. Ich brauche einen Moment um zu begreifen, dass sie mich damit meint. Sophia führt die Frau in meine Richtung, und die Frau nähert sich meinem Bügelbrett. Sie wirkt zerbrechlich, wie aufgelöst in der ungezähmten, mitreißenden Szenerie ihres in Frage stehenden Kleides und all den anderen Kleidern an all den anderen Frauen, die Kleider und noch mehr Kleider anprobieren.

Meine Augen, bereits überwältigt von der ständigen Betrachtung der grellen Designs, konzentrieren sich jetzt auf die Frau, die auf meine Exper-

ironing board, the women stepping up one after another to be granted my expert opinion.

tenmeinung wartet und auf Sophia neben ihr, während eine Masse von Frauen sich mir zuwendet, die alle die brillante Wildheit auf ihren Körpern tragen, die Löwen und Tiger springen heraus, die Vögel im Flug, die verlockenden Weinreben. Die Frauen stehen plötzlich still, halten den Atem an und warten auf mein Urteil, wir alle unter Sophias Zauberspruch, die wieder einmal verkündet, dass der Experte entscheiden wird.

Sophia fragt mit dramatisch gestikulierender Leidenschaft, ob dies das richtige Kleid für diese schöne Frau ist? Ich schaue die dünne, nervöse Frau an, betrachte sie, das Design, den Schnitt des Kleides. Ich sage nein, dieses Kleid passt nicht zu ihr. Ich weise auf ein anderes Kleid. Sie soll dieses Kleid anprobieren. Zwischen den beiden Kleidern bestehen feine Unterschiede, eine Variation in der Haltung herrschaftlicher Bestien, im Gefieder der Vögel, im Ausschnitt und dem Schnitt der Ärmel, sowie dem Farbton. Die Frau zieht ihr Kleid aus und zieht das Kleid an, das ich für sie auswähle.

Es herrscht Schweigen und Stille, während die Frauen auf meine Expertenaussage warten. Das ist es, dieses Kleid ist das richtige, sage ich. Meine Stimme entwickelt eine kraftvolle, verlässliche Qualität. Die Frauen applaudieren heftig. Und die Zeremonie beginnt, ich am Bügelbrett, die Frauen treten nacheinander auf, um meine Expertenaussage entgegenzunehmen.

COMING IN UNEXPECTEDLY

Your uncanny sense of direction haunts my memory. Nothing where what used to be? Thanks for waiting. We won't meet ever again just like this.

A word almost forgotten: Plight. The barking of a barking dog. Push your luck at the same time each day. Advice from a complete stranger. I went back again to make sure. Brief candle. No real danger.

If something happens, should be the case. The all-night taxi. You must have noticed how your complete lack of attention neither ends nor begins. Reserved seats at the reservoir against the backdrop of a nameless day.

Here you are back in the world after a long illness. Just think of all there is we can do for each other. Standing right where you are, which way is Texas?

If not today, lonesome for a storm. Make friends, I thought, to make a plan. Time isn't running out, not the way it once was that summer you worked on the ferry boat.

Getting to know all about you just like I said I would. Exposure symptoms. Trial and error. Dream bullets, these here souvenirs, bullets retrieved from a dream.

What's missing takes my attention on the guided tour. Who you are is never enough and the completeness of never. To think I fear your video camera.

Rope in the attic. Same rope in the attic from an earlier occasion. At rehearsal I stayed late to help with the lights.

Something shared, a last dance for example. Or a long late night conversation in which a trip was carefully planned. At the last minute wasn't a trip. Was a flag in the distance.

Just yesterday someone I know spoke the word oasis. Right there where right now you're standing.

UNERWARTETES HEREINKOMMEN

Dein seltsamer Orientierungssinn geistert durch meine Erinnerung. Nichts, wo früher etwas war? Danke, dass du gewartet hast. Wir werden uns nie wieder so treffen wie genau jetzt.
Ein fast vergessenes Wort: Notlage. Das Bellen eines bellenden Hundes. Gib deinem Glück jeden Tag zur selben Zeit einen kräftigen Schub. Ein Rat von einem völlig fremden Menschen. Ich ging wieder zurück, um ganz sicher zu sein. Flüchtige Kerze. Keine wirkliche Gefahr.
Wenn etwas passiert, sollte dies der Fall sein. Taxi-Dienst durch die ganze Nacht. Du musst bemerkt haben, wie dein vollständiger Mangel an Aufmerksamkeit weder aufhört noch anfängt. Reservierte Plätze am Wasserreservoir vor dem Hintergrund eines namenlosen Tages.
Hier bist du nach langer Krankheit wieder auf der Welt. Denk einfach nur an alles, was wir füreinander tun können. Wo du jetzt gerade stehst, welcher Weg führt nach Texas?
Wenn nicht heute, einsam für einen Sturm. Schließe Freundschaften, dachte ich, um einen Plan zu machen. Die Zeit wird nicht knapp, nicht wie in dem Sommer, als du auf der Fähre gearbeitet hast.
Alles über dich kennenlernen, so wie ich es früher gesagt habe. Symptome des Ausgesetztseins. Versuch und Irrtum. Traumgeschosse, diese hier Souvenirs, Geschosse gerettet von einem Traum.
Was fehlt, lenkt meine Aufmerksamkeit von der geführten Tour ab. Wer du bist, ist niemals genug und die Vollständigkeit von niemals. Stell dir vor, ich habe Angst vor deiner Videokamera.
Seil auf dem Dachboden. Dasselbe Seil auf dem Dachboden einer früheren Gelegenheit. Bei der Probe blieb ich länger, um mit der Beleuchtung zu helfen.
Etwas, das geteilt wurde, ein letzter Tanz zum Beispiel. Oder ein langes nächtliches Gespräch, bei dem eine Reise sorgfältig geplant wurde. In letzter Minute keine Reise. Eine Fahne in der Ferne.
Gerade gestern hat jemand, den ich kenne, das Wort Oase gesprochen. Genau dort, wo du genau jetzt stehst.

WRONG SHOES

No matter how much time I take trying on the shoes, testing them in the store by walking around, looking into those abbreviated shoe mirrors, their up from under view somehow giving me the feeling of being part of the ruling class, no matter how much caution I exercise, a few days after beginning to wear my new shoes the fact becomes tragically clear that I'm once again in the nightmare of having chosen the wrong shoes.

My walking becomes a hectic kind of hobbling about, engaged in the impossible dance of attempting not to step on either tortured foot, but step I must, moving along, hopping and shuffling.

With my next purchase I choose a pair of sturdy shoes, try them on hurriedly, take a step or two in the store, exclaim, "I'll take them," lay the cash on the counter, run out the store, leaving my old shoes behind gaping penitently at me, and I get in step with the smooth forward motion of the crowd of pedestrians.

The days pass, everything fine and dandy regarding my new shoes, then one morning, on my way to catch the bus, I begin to limp, a subtle limping, a graceful limp so unlike the shambling, faltering, staggering motion that had been the result of my previous pairs of new shoes.

The condition remains stable, never more than a subdued limp, along with a facial expression seasoned with world-weariness.

VERKEHRTE SCHUHE

Egal, wie viel Zeit ich mir nehme, die Schuhe anzuprobieren, sie zu testen, indem ich im Geschäft auf und ab gehe, in den verkürzten Schuhspiegel schaue, der mir von oben dort unten irgendwie den Eindruck gibt, dass ich zur herrschenden Klasse gehöre, egal, wie viel Vorsicht ich walten lasse, ein paar Tage, nachdem ich anfing, die neuen Schuhe zu tragen, wird die Tatsache tragischerweise klar, dass ich wieder einmal den Albtraum erlebe, die verkehrten Schuhe gewählt zu haben.

Mein Gehen wird zu einer hektischen Art des Herumhumpelns, beschäftigt mit dem unmöglichen Tanz, alles zu tun, um bloß nicht auf einen der beiden gefolterten Füße zu treten, aber treten muß ich, mich weiterbewegen, hüpfen und dahinschleppen.

Bei meinem nächsten Einkauf wähle ich ein Paar robuste Schuhe, probiere sie schnell an, gehe ein paar Schritte im Schuhgeschäft auf und ab, rufe aus: „ich nehme sie!", lege das Geld auf den Ladentisch, renne aus dem Laden, lasse meine alten Schuhe reumütig klagend hinter mir, und füge mich ein in den Gleichschritt fließender Vorwärtsbewegung der Masse der Fußgänger.

Die Tage vergehen. Alles ist schön und gut in Bezug auf meine neuen Schuhe. Dann an einem Morgen auf dem Weg zum Bus, fange ich an zu humpeln, ein subtiles Humpeln, ein anmutiges Humpeln, so anders, als die wankende, stockende, schwankende Bewegung, die das Ergebnis meines vorherigen Paar neuer Schuhe war.

Der Zustand bleibt stabil, nie mehr als ein gedämpftes Humpeln, zusammen mit einem Gesichtsausdruck, der von Weltmüdigkeit geprägt ist.

NEXT

I'm standing on line. When I reach the front of the line and I'm supposed to step up to the **counter, I allow** the person behind me to go ahead. With an appropriate thank you, the man proceeds past me.

Once again I'm at the number one position and once again when I'm called to step forward I follow the same procedure, stepping aside for the next on line, graciously accepting the offered smile of thanks. I continue the pattern each time it's my turn, allowing the person next on line to proceed ahead of me.

Then the manager gets involved. "I've had my eye on you and I don't know what you're up to but are you on line or are you not on line?"

I tell him that yes I am on line.

"Then what's the big idea of letting everybody else go before you when your turn comes up?"

I tell the manager that I am waiting.

"You're waiting? You're holding a place on line for somebody? Whoever it is had better hurry up and get here," he warns before being called away on more immediate matters.

„Go ahead," I say, stepping aside for the woman next on line behind me.

The manager intervenes again, accompanied by a policeman. "Come on with us. We need to have a talk," the manager commands.

"What about my place on line?" I ask.

"If there's no problem, we will make sure that your place on line is returned to you after our conference," the policeman assures me.

"What are you up to?" the manager demands as we enter his office and he sits at his desk.

"Come on son," the policeman coaxes, "who are you waiting for?"

"You want a name?" I enquire.

"That's it son, a name. Tell us the name of the person for whom you're holding a place on line," the policeman says.

"Let me think for a minute," I reply.

"Go ahead, think all you want," the manager growls.

"Take your time, son," says the policeman.

"We're waiting," the manager lashes out. With a brutal, victorious chuckle, the manager exclaims to the policeman, "I told you there was no one! I told you, didn't I?"

The policeman places his hand kindly on my shoulder. "You were holding

DER NÄCHSTE BITTE

Ich stehe in einer Schlange. Als ich ganz vorn in der Schlange ankomme und mich vor den Schalter stellen soll, erlaube ich der Person hinter mir, nach vorn an den Schalter zu gehen. Mit einem angemessenen Danke geht die Person an mir vorbei.

Schon wieder stehe ich auf der Position Nummer eins, und als ich aufgerufen werde, nach vorn zu gehen, wiederhole ich dieselbe Prozedur, indem ich zur Seite trete und der Person nach mir erlaube, nach vorn vor den Schalter zu treten, mit höflicher Geste das angebotene Danke entgegennehmend. Jedesmal wenn ich an die Reihe komme, wiederhole ich die Aktion, der Person hinter mir den Vortritt zu lassen.

Dann erscheint der Manager. „Ich habe Sie beobachtet, und ich weiß nicht, was Sie vorhaben. Stehen Sie in der Schlange oder stehen Sie nicht in der Schlange?"

Ich sag ihm, ja, ich stehe in der Schlange.

„Dann sagen Sie mir, was Sie vorhaben. Warum lassen Sie den hinter Ihnen Stehenden vor, sobald Sie vorn in der Schlange stehen?"

Ich erkläre dem Manager, dass ich warte.

„Sie warten auf jemanden? Sie halten einen Platz in der Schlange für jemanden frei? Wer immer es ist, sollte sich dringend beeilen, hierher zu kommen", warnt er mich, bevor er wegen anderer wichtiger Angelegenheiten abgerufen wird.

„Gehen Sie nach vorn," sage ich der Frau, die hinter mir steht, und ich trete zur Seite.

Der Manager interveniert abermals, begleitet von einem Polizisten.

„Kommen Sie mit uns, wir müssen uns unterhalten", befielt der Manager.

„Was passiert mit meiner Position in der Schlange?", frage ich.

„Wenn es kein Problem gibt, versichern wir Ihnen, dass Sie nach unserem Gespräch Ihre Position in der Schlange wieder einnehmen können", bestätigt mir der Polizist.

„Was haben Sie vor?", fordert der Manager mich heraus, während wir in sein Büro gehen und er sich hinter seinen Schreibtisch setzt.

„Kommen Sie schon, junger Mann, auf wen warten Sie?", sagt der Polizist mit sanfter Stimme.

„Sie wollen einen Namen wissen?", frage ich.

„Das ist es, junger Mann, ein Name. Nennen Sie uns den Namen der Person, für die Sie einen Platz in der Schlange freihalten", sagt der Polizist.

a place on line. Now son, just tell us who you were holding the place for. Was it a family member?"

I inform them once more that I need a little time to think.

"Go ahead," snarls the manager. "Think as much as you want but you're going nowhere until we get an answer."

„Geben Sie mir bitte eine Minute, darüber nachzudenken", antworte ich.

„Machen Sie das, denken Sie so viel nach, wie Sie wollen", sagt der Manager im knurrigen Ton.

„Nehmen Sie sich Zeit, junger Mann", sagt der Polizist.

„Wir warten", sagt der Manager mit scharfer Zunge. Dann, mit einem brutalen, siegesgewissen Gelächter zum Polizisten gewandt: „Ich hab es Ihnen doch gesagt, es gibt keinen, auf den er wartet. Das hab ich doch gesagt, nicht wahr?"

Der Polizist legt seine Hand gütig auf meine Schulter. „Sie haben einen Platz in der Schlange freigehalten. Nun, junger Mann, erzählen Sie uns einfach, für wen dieser Platz freigehalten wird. Ist es ein Familienmitglied?"

Ich wiederhole noch einmal, dass ich etwas Zeit brauche, darüber nachzudenken.

„Denken Sie soviel wie Sie wollen", brummt der Manager, „aber Sie kommen nirgendwo hin, solange wir von Ihnen keine Antwort bekommen."

WALLETS

When I reach into my back pocket for my wallet I think of my father. My father always made sure about his wallet before he went out. His gesture was always the same, hand reaching behind him, gently removing the wallet, holding the wallet in front of him like a prayer-book while his fingers checked the contents to make sure that the money was right and the papers were in order. His wallet never disappointed him.

I would prefer not to carry a wallet. I would prefer to carry the necessary pieces of identification stuck randomly in my pockets. Pockets are casual. I would prefer to carry my currency crumpled in my pockets. Nobody expects too much from a pocket. I would prefer to simply dig into my pockets when I pay the bill.

When I reach for my wallet I think of my father and I check to make sure that the contents of my wallet are exactly what they're supposed to be, that I haven't lost anything, that the money is accounted for. My wallet never surprises me.

Reaching for my wallet is especially lonely when I'm in the company of someone else. I admit that it is a small loneliness, but it is loneliness just the same. Perhaps we are in line waiting to buy tickets. We approach the cashier. You reach for your wallet. I reach for mine. Everyone in line is either reaching for his wallet or placing his wallet safely back in his pocket. But what makes me lonely is the separateness of our wallets.

Most people reach for their wallets with a gesture of some importance. Others, like myself, go about the act with a certain humility. I wish my wallet was alive. I wish my wallet was a mouth and could explain itself. I wish my wallet was a mouth with sharp teeth and could fight back.

Sometimes my father just touched his back pocket to make sure that his wallet was exactly where it belonged. Sometimes just that touch was enough.

I was never allowed to touch my father's wallet. Or perhaps I was allowed to touch it but never to look inside. Yes, I seem to remember being sent to fetch his wallet. "Go and get my wallet. It's in the upper desk drawer of the night table, under the papers on the right side." And I would carry the wallet carefully because I knew that my father depended on his wallet.

My father wrote notes to himself and placed these notes in or near his wallet. This way he could be sure to remember one important matter or another. Sometimes in the middle of the night I get out of bed, write a note to myself, and place the note in my wallet. These notes tend to pile up and accumulate in

BRIEFTASCHE

Wenn ich in meine hintere Hosentasche nach meiner Brieftasche greife, denke ich an meinen Vater. Mein Vater hat immer auf seine Brieftasche geachtet, bevor er aus dem Haus gegangen ist. Seine Geste war immer die gleiche, seine Hand griff nach hinten, zog sanft die Brieftasche heraus und hielt die Brieftasche wie ein Gebetbuch vor sich, während seine Finger den Inhalt prüften, um sicherzustellen, dass das Geld stimmte und die Papiere in Ordnung waren. Seine Brieftasche enttäuschte ihn nie.

Ich würde lieber keine Brieftasche tragen. Ich würde die notwendigen Papiere beiläufig in meine Taschen stecken. Hosentaschen sind leger. Ich würde meine Geldscheine zerknüllt in meinen Taschen tragen. Niemand erwartet zu viel von einer Hosentasche. Ich würde es vorziehen, einfach in meinen Taschen zu graben, wenn ich die Rechnung bezahle.

Wenn ich nach meiner Brieftasche greife, denke ich an meinen Vater, und ich prüfe, um sicher zu sein, dass der Inhalt meiner Brieftasche genau so ist, wie er sein soll, dass ich nichts verloren habe, dass das Geld stimmt. Meine Brieftasche überrascht mich nie.

Nach meiner Brieftasche zu greifen macht mich besonders einsam, wenn ich in Gesellschaft von jemandem bin. Ich gebe zu, dass es eine kleine Einsamkeit ist, aber es ist trotzdem einsam. Vielleicht stehen wir in einer Schlange, um Karten zu kaufen. Wir nähern uns der Kasse. Du greifst nach deiner Brieftasche. Ich greife nach meiner. Jeder in der Reihe greift entweder nach seiner Brieftasche oder steckt seine Brieftasche sicher in seine Hosentasche zurück. Aber was mich einsam macht, ist die Getrenntheit unserer Brieftaschen.

Die meisten Menschen greifen mit einer Geste von einiger Bedeutsamkeit nach ihrer Brieftasche. Andere, wie ich, vollziehen den Akt mit einer gewissen demütigen Haltung. Ich wünschte, meine Brieftasche wäre lebendig. Ich wünschte meine Brieftasche wäre ein Mund und könnte sich selbst erklären. Ich wünschte, meine Brieftasche wäre ein Mund mit scharfen Zähnen und könnte sich zur Wehr setzen.

Manchmal berührte mein Vater einfach seine hintere Hosentasche, um sicherzustellen, dass seine Brieftasche genau dort war, wo sie hingehört. Manchmal reichte nur diese Berührung aus.

Ich hatte nie die Erlaubnis, die Brieftasche meines Vaters zu berühren. Oder vielleicht hatte ich die Erlaubnis, die Brieftasche zu berühren, aber ich hatte nie die Erlaubnis, in sie hineinzusehen. Ja ich scheine mich zu erinnern,

my wallet. I like clearing out my wallet. Sometimes when I feel especially daring I also discard small pieces of paper with names and addresses that I might need sometime in the future.

My wallet is one of my oldest possessions. This wallet has been with me for years. My wallet has aged well. My wallet is soft and thin, fits neatly in my back pocket, curves to the contour of my body. Sometimes, alone in a bar or a movie, I fondle my wallet and I wonder.

dass ich geschickt wurde, die Brieftasche meines Vaters zu holen. „Geh und hol' meine Brieftasche. Sie ist in der obersten Schublade meines Nachttisches unter den Papieren auf der rechten Seite." Und ich trug die Brieftasche mit Vorsicht, weil ich wusste, wie sehr sich mein Vater auf seine Brieftasche verlässt.

Mein Vater schrieb sich Notizen und legte diese Notizen in oder in die Nähe seiner Brieftasche. Auf diese Weise konnte er sicher sein, sich an wichtige Sachen zu erinnern. Manchmal stehe ich mitten in der Nacht auf, schreibe mir eine Notiz und lege die Notiz in meine Brieftasche. Diese Notizen häufen sich an und bleiben in meiner Brieftasche stecken. Ich mag es, meine Brieftasche auszuleeren. Wenn ich es wage, werfe ich Adressen oder Karten weg, sogar solche, die ich eines Tages brauchen könnte.

Meine Brieftasche ist eines meiner ältesten Dinge, die ich besitze. Meine Brieftasche ist seit Jahren bei mir. Meine Brieftasche ist gut gealtert. Meine Brieftasche ist weich und dünn, passt gut in meine hintere Hosentasche und passt sich den Konturen meines Körpers an. Manchmal, allein in einer Bar oder in einem Kino, streichle ich meine Brieftasche und wundere mich.

LEANING

I step in front of the strong affable-looking fellow striding toward me on the crowded sidewalk and explain that I'm ready to collapse, would he allow me the opportunity of leaning on him? Taking a quick look at his watch, muttering about having time before his luncheon date, "Please, go right ahead. I have a few minutes to be leaned on."

He takes a strong, upright stance and I begin my leaning. "Leaning on you is preferable to falling at your feet, causing you to stop and call for help, most likely missing your previous engagement, or maybe stepping over my fallen body, continuing along, having me on your conscience all day."

"Lean a bit more if you need to."

"I'm leaning quite enough, thank you."

All around us the usual pedestrians, mothers and baby carriages, shoppers, business people on their lunch hour, a little boy asking his mother, "Mamma, what are those men doing?"

"Would it be better if I assisted you in moving to the bench at the bus stop where you can sit awhile?"

"I don't want to sit down. I just need to lean on you. Next you will be suggesting that I lean against a lamppost, or a tree, or the side of a building."

"No offence intended, for this is the most useful I'm likely to feel all day and it's satisfying to be leaned on right here in broad daylight."

"I'm getting a bit stiff. Could you assist me in changing my leaning position?" His arm around my shoulders, I shuffle around, finding a more convenient posture for my leaning.

"I've taken up enough of your time. Here comes another candidate. I'll flag him down and ask him to take over."

"No hurry. I'm enjoying being leaned on."

"I don't want you to be late for your appointment. Excuse me, my good fellow," I call out to the approaching stranger, "do you have a moment? I need to lean on someone and this guy has done his good deed for the day. Would you mind taking over? The alternative would be my dropping to the pavement."

"I won't let that happen," says the man I am currently leaning on, who is about to be made redundant.

"Glad to help. I'm just strolling about so I could use some purposeful activity," replies the newcomer, moving closer. "Transfer your weight to me. That's it. You're doing fine. Lean on me all you want."

ANLEHNEN

Ich gehe auf einen starken, freundlichen Mann zu, der mir auf dem Gehweg entgegenkommt und erkläre ihm, dass ich kurz davor bin zusammenzubrechen; würde er mir bitte die Erlaubnis geben, mich an ihn anzulehnen? Er schaut auf seine Uhr, murmelt vor sich hin, dass er etwas Zeit hätte vor seiner Verabredung zum Mittagessen. „Bitte lehnen Sie sich an. Ich habe ein paar Minuten Zeit, dass Sie sich an mich anlehnen."

Er nimmt eine stabile Position ein, und ich beginne mich anzulehnen. „Mich bei Ihnen anzulehnen ist besser, als Ihnen vor die Füsse zu fallen, was zur Folge haben könnte, dass Sie anhalten und um Hilfe rufen müssten, was sehr wahrscheinlich bedeuten würde, dass Sie Ihre Verabredung verpassen würden, oder sogar über meinen gefallenen Körper hinübersteigen müssten, um Ihren Weg weiterzugehen und mich den ganzen Tag auf dem Gewissen zu haben".

„Lehnen Sie sich gern noch mehr an, wenn Sie es brauchen".

„Ich lehne mich genug an, danke".

Um uns herum die gewöhnlichen Fußgänger, Mütter mit Kinderwagen, einkaufende Menschen, Geschäftsleute in ihrer Mittagspause, ein kleiner Junge, der seine Mutter fragt: „Mama, was machen diese Männer da?"

„Wäre es vielleicht besser, wenn ich Ihnen helfen würde, sich für eine Weile auf die Bank an der Bushaltestelle zu setzen?", fragt der, an den ich mich anlehne.

„Ich möchte mich nicht hinsetzen. Was ich brauche ist, mich an Sie anzulehnen. Als nächstes werden Sie mir wahrscheinlich vorschlagen, dass ich mich an den Laternenpfosten anlehne, oder an einen Baum, oder an die Wand eines Gebäudes".

„Bitte fühlen Sie sich nicht zurückgewiesen, denn dies ist wahrscheinlich die nützlichste Handlung, die in mir den ganzen Tag ein gutes Gefühl hinterlässt, und es ist zufriedenstellend, wenn sich hier am hellichten Tag jemand an mich angelehnt".

„Es wird ein bißchen unbequem. Könnten Sie mir helfen, die Qualität meines Anlehnens zu verbessern?" Er legt seine Arme um meine Schultern, und ich schiebe meine Füße hin und her, bis ich eine bequemere Haltung für mein Anlehnen gefunden habe.

„Ich habe genug Ihrer Zeit in Anspruch genommen", sage ich. „Hier kommt ein anderer Kandidat. Ich werde ihm zuwinken und ihn bitten, Ihre Position zu übernehmen."

The first Samaritan, seeming abandoned, "Hate to simply run off."
After I assure him he has fulfilled my requirements, he goes his way, leaving me with his replacement, and he turns to wave one last time before being swallowed up by the afternoon crowd.

„Keine Eile. Ich fühle mich wohl, wenn sich jemand an mich anlehnt."
„Ich möchte nicht, dass Sie zu spät zu Ihrer Verabredung erscheinen. Entschuldigen Sie, mein guter Herr", rufe ich dem sich mir nähernden fremden Menschen zu. „Haben Sie einen Moment Zeit? Ich brauche jemanden, an den ich mich anlehnen kann, und dieser Herr hat seine gute Tat für diesen Tag vollbracht. Wären Sie bereit, diese Aufgabe zu übernehmen? Die Alternative wäre, dass ich zu Boden fallen würde."

„Ich würde das nicht zulassen", sagt der Mann, an den ich mich jetzt gerade anlehne und der demnächst überflüssig wird.

„Ich bin froh, helfen zu können", antwortet der Neuankömmling, während er sich uns nähert. „Ich spaziere gerade hin und her und kann eine nützliche Aufgabe gut gebrauchen. Übertragen Sie Ihr Gewicht auf mich. Ja, das ist es. Sie machen es gut. Lehnen Sie sich an mich an, so viel Sie möchten."

Der erste Samariter wirkt verloren nach seiner Entlassung. „Es fällt mir schwer zu gehen."

Nachdem ich ihm versichere, dass er meinen Erwartungen zur vollen Zufriedenheit entsprochen hat, geht er seines Weges, lässt mich zurück mit seinem Nachfolger. Er dreht sich ein letzes Mal winkend um, bevor er von der nachmittäglichen Menschenmasse verschluckt wird.

THEREFORE

We're in bed and as we talk I surprise her by saying I'm in love with her. She glances wildly about the room before asking am I sure about that?

I say I've been acting as if being with her is just something casual but I can no longer pretend for I love her terribly. How does she feel about me?

She asks how do I know I'm in love with her?

I tell her I can feel it, I can feel the love.

She wonders if I can really trust my feelings, to which I reply it isn't just a matter of feelings, for I've spent a great deal of time thinking about it, the love, and about her, and have concluded I am indeed in love.

"So you know how to think?" she asks.

I answer, somewhat sharply, that I certainly know how to think.

"I only ask because I don't know how to think," she says.

I laugh good-naturedly. "Of course you know how to think."

But she insists she has never learned how to think. "I can figure out one thing or another. I have habits of mind to get me through various situations. I can even solve a problem or two. But I don't know how to think about something crucial, to reason, weigh evidence, draw conclusions and so forth. When I try to think about some particular thing I end up worrying. There's a big difference between thinking and worrying, isn't there?"

I assure her regarding the difference between thinking and worrying, and she says she doesn't even know how to begin thinking about whether or not she's in love with me. If she were to try using her mind for such a project, she'd end up completely muddled, in a state of perfect worry.

I say, "You shouldn't have to think about whether or not you're in love with me. It's a question of feelings. How do you feel about me?"

She says she feels fine about me.

I ask does she feel love for me?

She says she's unable to answer such a question, for she needs time to think but, not knowing how to think, this puts her in a real quandary.

I say then I'll have to assume she's not in love with me.

"I think that's what I am saying," she says.

I'm sorry to hear. I tell her how sorry I am.

She says, "You love me. I don't think I love you. I don't even know how to think. Let's talk about the universe. It's expanding or something similar."

I tell her to stop making fun of me and she says she doesn't intend to make fun of me but only wants to give me something else to think about, for I look so dreadfully sad.

DESHALB

Wir sind im Bett, und während wir miteinander reden, überrasche ich sie, indem ich sage, dass ich in sie verliebt bin. Sie schaut verstört durch den ganzen Raum, bevor sie fragt, ob ich mir sicher bin.

Ich sage, ich habe mich so verhalten, als wäre unser Zusammensein etwas Beiläufiges, aber ich kann nicht länger etwas vortäuschen, denn ich bin schrecklich in sie verliebt. Ich frage sie, was sie für mich empfindet.

Sie fragt, woher ich weiß, dass ich in sie verliebt bin.

Ich sage ihr, ich kann es fühlen, ich kann die Liebe fühlen.

Sie fragt, ob ich wirklich meinen Gefühlen trauen kann, worauf ich antworte, dass es nicht nur eine Frage der Gefühle ist, denn ich habe viel Zeit damit verbracht, darüber nachzudenken, über die Liebe, und habe festgestellt, dass ich tatsächlich verliebt bin.

„So, du weißt, wie man denkt?", fragt sie.

Ich antworte etwas scharf: „Ja, ich weiß, wie man denkt."

„Ich frage nur, weil ich nicht weiß, wie man es schafft zu denken", sagt sie.

Ich lache gutmütig. „Natürlich weißt du, wie man denkt."

Aber sie besteht darauf, dass sie nie gelernt hat zu denken. „Ich kann das eine oder andere herausfinden. Ich habe Denkgewohnheiten, um verschiedene Situationen zu bewältigen. Ich kann sogar ein oder zwei Probleme lösen. Aber ich weiß nicht, wie ich über etwas Entscheidendes nachdenken soll, Klarheit zu schaffen, Beweise abzuwägen, Schlüsse zu ziehen und so weiter. Wenn ich über etwas Bestimmtes nachdenke, mache ich mir Sorgen. Es gibt einen großen Unterschied zwischen Denken und sich Sorgen machen, nicht wahr?"

Ich versichere ihr, dass es einen Unterschied gibt zwischen Denken und sich Sorgen machen, und sie sagt, sie weiß nicht einmal, wie sie anfangen soll, darüber nachzudenken, ob sie in mich verliebt ist oder nicht. Wenn sie versuchen würde, ihre Gedanken für ein solches Projekt zu verwenden, würde sie völlig durcheinander geraten, in einen Zustand perfekter Sorge.

Ich sage, „Du solltest nicht darüber nachdenken müssen, ob du in mich verliebt bist oder nicht. Es ist eine Frage der Gefühle. Was fühlst du für mich?"

Sie sagt, sie fühlt sich gut mit mir.

Ich frage, ob sie Liebe für mich empfindet?

Sie sagt, dass sie eine solche Frage nicht beantworten kann, denn sie braucht Zeit zum Nachdenken, aber da sie nicht weiß, wie man denken soll, gerät sie in eine echte Zwickmühle.

"Try not to look so sad," she says. She says if I don't stop looking so very sad she'll start worrying about me. "And if I start worrying about you, it's going to ruin everything between us. Don't make me worry about you," she says.

Ich sage, dann muss ich annehmen, dass sie nicht in mich verliebt ist.

„Ich denke, das ist, was ich sage", sagt sie.

Es tut mir leid, das zu hören. Ich sage ihr, wie leid es mir tut.

Sie sagt, „Du liebst mich. Ich denke nicht, dass ich dich liebe. Ich weiß nicht einmal, wie man denken soll. Lass uns über das Universum sprechen. Es dehnt sich aus oder so ähnlich."

Ich sage ihr, sie soll sich nicht über mich lustig machen, und sie sagt, sie beabsichtigt nicht, sich über mich lustig zu machen, sondern will mir nur noch etwas anderes zum Nachdenken geben, denn ich sehe so schrecklich traurig aus.

„Versuch', nicht so traurig auszusehen", sagt sie. Sie sagt, wenn ich nicht aufhöre, so traurig auszusehen, wird sie sich Sorgen um mich machen. „Und wenn ich anfange, mir Sorgen um dich zu machen, wird alles zwischen uns ruiniert. Gebe mir bitte keinen Anlass, mir Sorgen um dich zu machen", sagt sie.

AWKWARD

I feel awkward. I say to Mary, "I feel awkward."
Mary suggests that I get up and walk around a bit. "Whistle while you walk," Mary says.
I stroll around the room, whistling.
"Do you feel less awkward?" Mary asks.
"I still feel very awkward and I'd like to keep going for a while longer."
"Take your time," Mary says. I continue to walk around the room, whistling.
"Feeling any better?" Mary asks.
I tell her that I'd like to keep it up for at least a few more minutes.
"You're making me nervous and your whistling is extremely annoying," she answers.
"But it was your idea that I walk around the room, whistling!"
"I assumed you'd feel less awkward if you walked around a bit and whistled but I didn't expect that you'd stick with it for the rest of the evening."
"Let me keep going a while longer for it would make me feel even more awkward if I just stopped abruptly."
"I'm nervous. And I'm also unbearably tense. I think I'll play my violin," Mary says. She gets up and I bump into her. "Watch where you're going," Mary shouts.
"When I feel so very awkward I sometimes bump into..."
"Just don't bump into me," Mary commands. Mary is looking for her violin. "Where did I put my violin? I am so nervous I just can't remember. It must be here somewhere." Mary looks all over the place for her violin, in the closet, under the couch, next to the bookcase, behind the television. "Where oh where is my violin? I must find my violin. I must play my violin for I need so desperately to relax."
"If I didn't feel so very awkward I would stop my whistling and walking around the room and help you look for your violin."
"Please don't say another word for I need so very badly to play my violin that I will now play an imaginary violin." And she extends her arm as if she were indeed holding a violin, tucks her chin against her imaginary violin, takes hold of the imaginary bow, and she says, "Stop your whistling this instant and be seated. I cannot tune my violin with you whistling and walking around bumping into everyone in sight. Sit down and be quiet because at any moment I will begin to play."

UNBEHOLFEN

Ich fühle mich unbeholfen. Ich sage zu Mary: „Ich fühle mich unbeholfen."
Mary schlägt vor, dass ich aufstehe und ein bisschen herumgehe. „Pfeife, während du gehst", sagt Mary.
Ich schlendere pfeifend durch den Raum.
„Fühlst du dich weniger unbeholfen?", fragt Mary.
„Ich fühle mich immer noch sehr unbeholfen und möchte noch eine Weile weitergehen."
„Nimm dir Zeit", sagt Mary. Ich gehe weiter pfeifend durch den Raum.
„Fühlst du dich besser?", fragt Mary.
Ich sage ihr, dass ich es noch ein paar Minuten fortsetzen möchte.
„Du machst mich nervös und dein Pfeifen nervt mich total", antwortet sie.
„Aber es war deine Idee, dass ich pfeifend durch den Raum gehe!"
„Ich nahm an, dass du dich weniger unbeholfen fühlen würdest, wenn du ein bisschen herumgehen und pfeifen würdest, aber ich hatte nicht erwartet, dass du den Rest des Abends dabei bleiben würdest."
„Lass mich noch eine Weile weitergehen, denn ich würde mich noch unbeholfener fühlen, wenn ich einfach abrupt aufhören würde", sage ich.
„Ich bin nervös. Und ich bin unerträglich angespannt. Ich glaube, ich spiele auf meiner Geige", sagt Mary. Sie steht auf, und ich stoße mit ihr zusammen. „Pass auf, wohin du gehst", schreit Mary.
„Wenn ich mich so unbeholfen fühle, dann stoße ich manchmal mit..."
„Stoße einfach nicht mit mir zusammen", befiehlt Mary. Mary sucht nach ihrer Geige. „Wo habe ich meine Geige hingelegt? Ich bin so nervös, dass ich mich einfach nicht erinnern kann. Sie muss irgendwo hier sein." Mary sucht überall nach ihrer Geige, im Schrank, unter der Couch, neben dem Bücherregal, hinter dem Fernseher. „Wo, oh wo ist meine Geige? Ich muss meine Geige finden. Ich muss meine Geige spielen, denn ich muss mich so dringend entspannen."
„Wenn ich mich nicht so unbeholfen fühlte, würde ich aufhören zu pfeifen und aufhören durch den Raum zu gehen und dir helfen, deine Geige zu finden."
„Bitte sage kein weiteres Wort, denn ich brauche meine Geige so sehr, dass ich jetzt eine imaginäre Geige spielen werde." Sie streckt den Arm aus, als würde sie tatsächlich eine Geige halten, das Kinn auf ihre imaginäre Geige gelegt, ergreift sie den imaginären Bogen und sagt: „Hör jetzt auf zu pfeifen und setze dich sofort hin. Ich kann meine Geige nicht stimmen, wenn du

pfeifst und herumläufst und mit jedem in Sichtweite zusammenstößt. Setze dich hin, und sei leise und ruhig, denn ich werde jederzeit anfangen zu spielen."

THE HERMIT AND THE GUITAR

Just one more social obligation, a farewell party that friends have thrown together, a send-off that will last through the night. At dawn I'll be setting out directly for the forest to begin my new life as a hermit.

Wearing my woollen hermit's robe, slipping into my sandals, picking up my wooden staff, lantern, and hermit's pack, pausing to take a last glance at this dwelling that has provided shelter during my final years among the masses, worldly good left behind, on impulse, figuring that one of the party-goers will have use for it, I also take along the old guitar that has been gathering cobwebs in the corner these many years, learning to play the guitar being one of the numerous projects I never completed during my days of quiet desperation.

By the time I arrive, the party's in full-swing. Upon entering, I set down my pack, staff, lantern, and guitar, the host proclaiming that the guest of honor has at last appeared, the revellers swarming around me, some admiring my hermit's garment, others finding it a bit too long, the cut not so flattering, some tugging childishly at my beard and long, unkempt hair, remarking that I already have that dour look of a recluse.

Cameras flashing, photos of me with staff and lantern, with cowl raised and cowl lowered, group photo with hermit, and of course the ongoing chatter and puerile questions regarding the living conditions of a hermit, encouraging pats on the back, someone asking if visits would be permitted, someone else responding that you don't visit a hermit because a hermit is a hermit.

Holding up the guitar, I ask, "Who'd like a guitar?"

A hushed moment ensues. And then, "I didn't know you played the guitar."

I try to explain that because it's my guitar that doesn't mean I can play the guitar, but no one's listening, pronouncements following in quick succession:

"I knew you were lonely but I didn't know you played the guitar."

"I knew you were a loser with women but I didn't know you played the guitar."

"I knew you were a lost soul but I didn't know you played the guitar."

" I knew you were socially inept but I didn't know you played the guitar."

"I knew you were a good-for-nothing but I didn't know you played the guitar."

And all the while I'm being trundled along by the throng, voices rising with the demand, "Give us a song, give us a song."

I'm installed in a chair in the center of the living room.

"Come on hermit, we want music, we want music."

DER EINSIEDLER UND DIE GITARRE

Nur noch eine soziale Verpflichtung, eine Abschiedsfeier, die Freunde gemeinsam veranstalten, ein Fest des Adieu sagens, das die ganze Nacht dauern wird. Im Morgengrauen werde ich mich aufmachen, auf direktem Weg, um dort mein neues Leben als Einsiedler zu beginnen.

Ich trage mein wollenes Einsiedlergewand, schlüpfe in meine Sandalen, ergreife meinen Holzstab, meine Laterne und den Einsiedler-Rucksack, pausiere für einen kurzen Moment, ein letzter Blick in die Räume, die in den vielen Jahren meinem Leben Schutz boten, in der Masse der Menschen. Ich lasse weltliche Dinge zurück, vermute, dass einer der Gäste davon Gebrauch machen wird, so nehme ich, meinem Impuls folgend, die alte Gitarre mit, die seit vielen Jahren Spinnweben in der Ecke gesammelt hat. Das Lernen des Gitarre spielens war eines der zahlreichen Projekte, das ich in meinen Tagen stiller Verzweiflung nie abgeschlossen habe.

Bei meiner Ankunft ist die Party in vollem Gange. Beim Eintreten lege ich meinen Rucksack, meinen Stab, die Laterne und die Gitarre ab. Der Gastgeber verkündet, der Ehrengast sei endlich erschienen, die Feiernden schwärmen um mich herum, einige bewundern mein Einsiedlergewand. Andere finden es etwas zu lang, im Schnitt nicht so schmeichelhaft. Manche zerren wie kleine Kinder an meinem Bart und meinen langen, ungepflegten Haaren. Sie bemerken, dass ich bereits den mürrischen Blick eines Einsiedlers habe.

Kameras blinken, Fotos von mir mit Stab und Laterne, mit auf- und abgesetzter Kapuze. Gruppenfoto mit Einsiedler und natürlich dazu das anhaltende Geschwätz und infantile Fragen nach den Lebensbedingungen eines Einsiedlers. Ermutigendes Klopfen auf Schultern und Rücken. Einer fragt, ob Besuche erlaubt wären, jemand anderes gibt die Antwort, dass ein Einsiedler nicht besucht wird, weil ein Einsiedler ein Einsiedler ist. .

Ich halte die Gitarre hoch und frage: „Wer möchte eine Gitarre?" Ein stiller Moment folgt. Und dann: „Ich wusste nicht, dass du Gitarre spielst." Ich versuche zu erklären, eine Gitarre zu besitzen bedeutet nicht, Gitarre spielen zu können. Aber niemand hört zu. Jetzt wird verkündigt:

„Ich wusste, dass du einsam warst, aber ich wusste nicht, dass du Gitarre spielst."

„Ich wusste, dass du ein Verlierer bei Frauen warst, aber ich wusste nicht, dass du Gitarre spielst."

„Ich wusste, dass du eine verlorene Seele bist, aber ich wusste nicht, dass du Gitarre spielst."

I keep protesting, saying I can't play the guitar, but the chorus of rhythmic chanting drowns me out:

"I knew you were a weirdo but I didn't know you played the guitar."

"I knew you were a wallflower but I didn't know you played the guitar."

"I knew you had an inferiority complex but I didn't know..."

And carried along by the insistent voices, I begin to strum the out of tune dust covered cobwebbed guitar, strumming without any notion of how to even strum a guitar, strumming like a rock 'n roll star gone mad, bellowing along with the group:

"I knew you were a jerk but Ididn't know you played the guitar."

"I knew you had fallen by the wayside but I didn't know you played the guitar."

I'm in a frenzy, strumming, pounding on the guitar, howling, and soon I'm on my feet, doing an Elvis imitation, my hermit's robe swirling around me, my legs getting entangled in the material, my head tossing from side to side, hair and beard flying around like sparks, my friends, one at a time, adding their favorite line:

"I knew you wasted your life but I didn't know you played the guitar."

"I knew you watched a lot of soap operas on TV but I didn't know you played the guitar."

"I knew you read a lot of philosophy but I didn't know you played the guitar."

"I knew you went to the movies alone on Saturday nights but I didn't know you played the guitar."

"I knew you never cooked a decent meal but I didn't know you played the guitar."

There's no stopping us and the night passes, the first glimmer of dawn finding us still going strong, our voices painfully hoarse, until it's time for me to be on my way.

My friends walk me to the door where I pick up my staff, my lantern, my pack, and step out into the breaking of a new day, strolling off down the road, looking back for the last time at those gathered together on the doorstep, waving goodbye. I make my way to the forest, the old guitar left behind.

„Ich wusste, dass du sozial ungeschickt warst, aber ich wusste nicht, dass du Gitarre spielst."

„Ich wusste, dass du ein Nichtsnutz warst, aber ich wusste nicht, dass du Gitarre spielst."

Und sie reißen und zerren an mir, laute Stimmen fordern: „Spiel uns ein Lied, spiel uns ein Lied."

Sie stellen für mich einen Stuhl in die Mitte des Raumes. „Komm, Einsiedler, spiel uns ein Lied, spiel uns ein Lied." Ich protestiere immer wieder und erkläre, dass ich nicht Gitarre spielen kann. Aber das rhythmische Skandieren übertönt mich.

„Ich wusste, dass du ein Spinner warst, aber ich wusste nicht, dass du Gitarre spielst."

„Ich wusste, dass du ein Mauerblümchen warst, aber ich wusste nicht, dass du Gitarre spielst."

„Ich wusste, dass du einen Minderwertigkeitskomplex hattest, aber ich wusste nicht..."

Und von den beharrlichen Stimmen mitgetragen, fange ich an, die staubbedeckte, von Spinnweben bedeckte Gitarre anzuschlagen, ohne zu ahnen, wie ich überhaupt eine Gitarre anschlagen soll, wie ein Rock'n'Roll-Star anschlagen, der ausflippt und mit der Gruppe brüllt.

„Ich wusste, dass du ein Idiot warst, aber ich wusste nicht, dass du Gitarre spielst."

„Ich wusste, dass du auf der Strecke geblieben warst, aber ich wusste nicht, dass du Gitarre spielst."

Ich gerate in Raserei, klimper, klopfe und schlage auf die Gitarre, brülle und schreie aus meiner Kehle, stehe auf, werde zu Elvis in meinem Einsiedlergewand. Es wirbelt um mich herum, meine Beine verheddern sich in dem langen Gewand, mein Kopf wippt hin und her, die langen Haare und der Bart fliegen wie Funken in alle Richtungen. Meine Freunde, einer nach dem anderen, fügen ihren Lieblingsspruch hinzu.

„Ich wusste, dass du dein Leben verschwendet hast, aber ich wusste nicht, dass du Gitarre spielst."

„Ich wusste, dass du viele Seifenopern im Fernsehen gesehen hast, aber ich wusste nicht, dass du Gitarre spielst."

„Ich wusste, dass du viel Philosophie gelesen hast, aber ich wusste nicht, dass du Gitarre spielst."

„ Ich wusste, dass du samstagabends alleine ins Kino gegangen bist, aber ich wusste nicht, dass du Gitarre spielst."

„Ich wusste, dass du nie ein anständiges Essen gekocht hast, aber ich wusste nicht, dass du Gitarre spielst."

Es gibt kein Halten mehr für uns, und die Nacht vergeht. Der erste Schimmer der Morgendämmerung findet uns immer noch in voller Energie, unsere heiseren Stimmen schmerzen, bis es Zeit ist, dass ich mich auf den Weg begebe.

Meine Freunde begleiten mich zur Tür, ich nehme meinen Stab, meine Laterne, meinen Einsiedler-Rucksack und schreite in den anbrechenden Tag, den Weg hinunter. Zum letzten Mal schaue ich zurück, zu den vor der Haustür versammelten Freunden, die mir zum Abschied zuwinken. Ich mache mich auf den Weg in den Wald, lasse die alte Gitarre zurück.

SHADOW

Still have my shadow on your wall as a memento or has it fallen into obscurity? Obscurity, more shadowy, is preferable to neglect. My shadow is a memento of regret when I remember the last time my shadow passed over your sleep. Regret doesn't cast a real shadow, for the show is still happening and your shadow will not accompany you to the grave.

You are not alone in researching the biography of your shadow, for this incessant casting of shadow works both ways. You and your shadow, you have each other.

You probably don't spend too many moments in meditative communion with your shadow, nor are you very often on the lookout for your shadow, nor do you think too much about whether your shadow will enjoy the party, and perhaps you have a favorite stroll, but more than likely you have not engaged your shadow in the discussion of pros and cons.

From the absolute elsewhere where you've never been, your shadow has come to be with you. Can you betray your shadow? A man often spoke to his shadow. "Be strong," he would say. "I can only bring forth what is within me," his shadow whispered, uncomplainingly, to its shadowy friends.

"My shadow is not as restless as me. My shadow would be equally satisfied to live a life without events. Events don't matter all that much to my shadow. Still, I want this. I want that. I fail. I succeed. I fail again. My greatest wish is to change places with my shadow. I think I will..." Lastlines to an apparent suicide note, but the body was never found.

"Remember, the members of the firing squad stood absolutely still but their shadows were seen to quiver." A Russian saying spoken to someone about to undertake a shady task. First the word remember is spoken, then a pause of several seconds during which the speaker waves both hands wildly in front of the face of the listener's shadow.

Shadows chuckle among themselves and if we could hear them we would most likely mistake the sound for a hymn of some kind.

"Whoever you are, could you please get your shadow the hell out of here," Spoken by a woman sunbather without even opening her eyes or the slightest change of position as my shadow passed over her recumbent form.

Your shadow looks a whole lot better in that hat than you do.

SCHATTEN

Hast du meinen Schatten immer noch als Andenken an deiner Wand, oder ist er in Vergessenheit geraten? Vergessenheit, eher schattenhaft, ist besser als Vernachlässigung. Mein Schatten ist eine Erinnerung an das Bedauern, wenn ich mich an das letzte Mal erinnere, als mein Schatten über deinen Schlaf glitt. Bedauern wirft keinen wirklichen Schatten, denn das Geschehen dauert an, und dein Schatten wird dich nicht zum Grab begleiten.

Du bist nicht allein, die Biografie deines Schattens zu erforschen, denn dieses unaufhörliche Werfen von Schatten wirkt in beide Richtungen. Du und dein Schatten, ihr habt einander.

Du verbringst wahrscheinlich nicht allzu viele Momente in meditativer Gemeinschaft mit deinem Schatten, weder bist du auf Ausschau nach deinem Schatten, noch denkst du zu viel darüber nach, ob dein Schatten die Party genießen wird, und vielleicht hast du einen Lieblingsspaziergang, aber sehr wahrscheinlich hast du deinen Schatten nicht in die Diskussion von Vor- und Nachteilen einbezogen.

Von dem absoluten woanders sein, wo du nie warst, ist dein Schatten hierher gekommen, um bei dir zu sein. Kannst du deinen Schatten verraten? Ein Mann sprach regelmäßig mit seinem Schatten. „Sei stark", sagte er oft. „Ich kann nur hervorbringen, was in mir ist", flüsterte sein Schatten nicht klagend zu seinen schattenhaften Freunden.

„Mein Schatten ist nicht so unruhig wie ich. Mein Schatten wäre ebenso zufrieden, ein Leben ohne Ereignisse zu leben. Ereignisse sind für meinen Schatten nicht besonders wichtig. Trotzdem will ich dies. Ich will das. Ich versage. Ich schaffe es. Ich scheitere wieder. Mein größter Wunsch ist, meinen Platz mit dem meines Schattens zu vertauschen. Ich denke, ich werde..." Letzte Zeilen von einem Abschiedsbrief, aber der Körper wurde nie gefunden.

„Erinnere dich, die Mitglieder des Erschießungskommandos standen absolut still, aber ihre Schatten schienen zu zittern." Ein russisches Sprichwort, das man oft denen sagt, die kurz davor sind, eine fragwürdige Aufgabe durchzuführen. Zuerst wird das Wort ‚Erinnern' gesprochen, dann gibt es eine Pause von einigen Sekunden, während der Sprecher beide Hände wild vor dem Gesicht des Schattens des Zuhörers bewegt.

Schatten kichern unter sich, und wenn wir sie hören könnten, würden wir den Klang irrtümlicherweise für einen Hymnus halten.

„Wer auch immer du bist, könntest du bitte deinen Schatten zur Hölle schicken?" Gesprochen von einer Sonnenanbeterin, ohne auch nur ihre

Augen zu öffnen oder den geringsten Positionswechsel vorzunehmen, während mein Schatten über ihre liegende Gestalt glitt.
 Dein Schatten sieht mit diesem Hut viel besser aus als du.

AGAIN

Changing into loose black garments, the sensation of flowing into darkness. Then closing the drapes, putting out the living room light, my dwelling now without illumination. The lamp on the bedside table not turned on until I make my way to the bedroom which takes place after seating myself in my old armchair. Not settling back to remain at rest, not taking stock of the day, but catching my breath, a let's-be-done-with-it attitude.

Getting up, moving along in the well-known shadowiness, peeking through the drapes to spy on the outside world, or pressing my ear against the front door to listen awhile, or leaning against the wall to bide my time, or dashing into the closet, hiding out, or crawling around on all fours, stalking the familiar.

NOCHMAL

Mich bekleiden mit einem lockeren, schwarzen Gewand, das Gefühl, in die Dunkelheit zu fließen. Dann die Vorhänge schließen, das Licht im Wohnzimmer löschen, meine Wohnung jetzt ohne Beleuchtung. Kein Licht auf dem Nachttisch, bevor ich mein Schlafzimmer betrete, und das geschieht, nachdem ich es mir in meinem alten Sessel bequem mache. Nicht zurücklehnen, um dort sitzen zu bleiben, keine Reflexion des Tagesablaufs, sondern meinen Atem beruhigen, mit der Einstellung, es reicht jetzt.

Jetzt aufstehen, mich in dem gut bekannten schattigen Raum bewegen, durch die Vorhänge gucken, um die Außenwelt auszuspähen, oder mein Ohr an die Eingangstür drücken, um eine Weile zu lauschen, oder mich an die Wand lehnen, um zu verweilen, oder mich in den Schrank hineinstürzen, mich verstecken, oder auf allen Vieren herumkrabbeln, mich heranpirschen an das Vertraute.

EXHILARATION

I climb off the ladder and stand looking at the freshly painted side of my house. It gets dark. The white paint gleams like a ship waiting to sail.

All those hours up there, the day like the lens of a big telescope focused on me.

I'll live here until I die. Exhilaration lifts my identity away from me.

"Wait a minute," I exclaim but no one hears.

There are stars, the chill, and a new energy escaping through the soles of my feet, burning into the ground.

I feel invaded by the ghosts of everything I look at, the darkness, the paint brush, the can of paint, the side of my house, the ladder.

I begin to name these things as if I've just discovered their meaning.

The darkness is a drape that a very important hand has placed over the lens of the telescope.

I name the paint brush and right away a ghost falls from my hand. My hand feels lighter.

I name the side of my house and the paint I applied and those ghosts move like wings from my body.

I stare at the ladder. How that ghost invades me!

The ladder is the shape of something hopeful and it whispers to me to hold it safely in my arms.

HOCHGEFÜHL

Ich kletter' von der Leiter, stehe und schaue auf die frisch gestrichene Seite meines Hauses. Es wird dunkel. Die weiße Farbe leuchtet wie ein Schiff, das darauf wartet, fort zu segeln.

All die Stunden dort oben, der Tag wie die Linse eines großen Teleskops auf mich gerichtet.

Ich werde hier leben bis ich sterbe. Ein Hochgefühl hebt meine Identität weg von mir.

„Warte einen Moment", rufe ich, aber niemand hört.

Es gibt Sterne, Kälte und eine neue Energie, die durch meine Fußsohlen entweicht und in den Boden brennt.

Ich fühle mich durchdrungen von den Geistern, von allem was ich anschaue, der Dunkelheit, dem Pinsel, der Farbe, der Seite meines Hauses, der Leiter.

Ich fange an, diese Dinge zu benennen, als ob ich gerade ihre Bedeutung entdeckt hätte.

Die Dunkelheit ist ein Vorhang, den eine sehr bedeutungsvolle Hand über die Linse des Teleskops gelegt hat.

Ich benenne den Pinsel, und sofort fällt ein Geist aus meiner Hand. Meine Hand fühlt sich leichter an.

Ich benenne die Seite meines Hauses und die Farbe, die ich aufgetragen habe, und diese Geister bewegen sich wie Flügel von meinem Körper.

Ich schaue die Leiter an. Wie tief dieser Geist in mich eindringt.

Die Leiter, die Form von etwas Hoffnungsvollem, flüstert mir zu, sie sicher in meinen Armen zu halten.

Lightning Source UK Ltd.
Milton Keynes UK
UKHW011317050720
366026UK00001B/86